VIVER SEMPRE VALE A PENA

9ª edição
Do 60º ao 65º milheiro
5.000 exemplares
Junho/2017

© 1998 - 2017 by Boa Nova Editora.

Capa e projeto gráfico
Juliana Mollinari

Diagramação
Juliana Mollinari

Revisão
Alessandra Miranda de Sá

Assistente editorial
Ana Maria Rael Gambarini

Coordenação Editorial
Ronaldo A. Sperdutti

Todos os direitos estão reservados.
Nenhuma parte desta obra pode ser
reproduzida ou transmitida por qualquer forma
e/ou quaisquer meios (eletrônico ou mecânico,
incluindo fotocópia e gravação) ou arquivada
em qualquer sistema ou banco de dados sem
permissão escrita da Editora.

O produto da venda desta obra é destinado à
manutenção das atividades assistenciais da
Sociedade Espírita Maria de Nazaré,
de Rolândia, PR e da Sociedade
Espírita Boa Nova, de Catanduva, SP.

1ª edição: Abril de 1998 – 10.000 exemplares

CÉLIA XAVIER DE CAMARGO
DITADO POR EDUARDO

Instituto Beneficente Boa Nova
Entidade coligada à Sociedade Espírita Boa Nova
Av. Porto Ferreira, 1.031 | Parque Iracema
Catanduva/SP | CEP 15809-020
www.boanova.net | boanova@boanova.net
Fone: (17) 3531-4444

Dados Internacionais de Catalogação na Publicação (CIP)
(Câmara Brasileira do Livro, SP, Brasil)

Eduardo (Espírito).
   Viver sempre vale a pena / ditado por Eduardo ;
[psicografado por] Célia Xavier de Camargo. --
8. ed. -- Catanduva, SP : Boa Nova Editora, 2015.

   ISBN 978-85-8353-024-4

   1. Espiritismo 2. Psicografia 3. Suicídio
I. Camargo, Célia Xavier de. II. Título.

15-02240   CDD-133.93

Índices para catálogo sistemático:

1. Suicidas : Psicografia : Espiritismo   133.93

SUMÁRIO

Preâmbulo 7

Diretrizes novas 13

Novos amigos 19

No trabalho ativo 25

No hospital 31

Mudança de rumo 37

Perante o suicídio 45

Convivência com o fracasso 51

O valor das pequenas coisas 59

Oração intercessória 67

Tomada de consciência 77

Deixe-me viver 85

A reunião 91

Voltando ao lar 101

Destino inexorável 111

Socorro inesperado 119

O pedido de Melina 129

Medo de ser descoberto 137

Enfrentando a responsabilidade 149

O sedutor 161

Atendendo ao chamado 169

Edite 175

Tomando providências 181

Atitude insensata... 187

Voltando ao passado 193

Um novo dia.. 201

Reavaliação... 207

Novos valores 215

Ajudar sempre.. 221

Andorinha... 231

Reeducação 237

O casamento... 247

O milagre da vida... 251

Retorno à espiritualidade.................................... 257

Missão cumprida 267

PREÂMBULO

A conclusão de um trabalho, isto é, a concretização de um objetivo, é sempre gratificante para todos os que dele participaram com seu tempo e energia.

No presente caso, todo um grupo se empenhou com dedicação, boa vontade, espírito de equipe e amor na execução de suas tarefas.

Após assistirmos a uma palestra, cujo tema era "A NECESSIDADE DE VALORIZAÇÃO DA VIDA", sensibilizamo-nos com o problema e demonstramos nosso interesse em trabalhar junto a pessoas com tendência à autodestruição. Assim, candidata-mo-nos à tarefa.

Os orientadores maiores, que nunca se negam a nos prestar colaboração e a nos instruir, quando existe boa vontade da nossa parte e desejo de progredir, concederam-nos essa oportunidade de serviço e de aprendizado.

Todavia, somente no transcorrer do trabalho é que fomos tomar contato com a realidade. Nunca imaginamos que o problema do suicídio fosse tão grave e atingisse tais proporções na sociedade terrena, especialmente entre os jovens.

Por que a pessoa busca tão desesperadamente desertar da vida? O que a faz entrar nesse estado de depressão, de profundo desânimo e desinteresse pela existência, que não vislumbra outra saída senão a fuga aos compromissos assumidos?

Na gênese de todos os problemas está o seu desconhecimento das divinas leis que regem o Universo. Por se tratar, geralmente, de criatura materialista, que em quase nada acredita e jamais se interessa por religião ou por outros assuntos transcendentais.

Essa falta de crença em um Ser Superior, a quem chamamos Deus, e a ideia de que tudo acaba com a morte tornam o ser humano extremamente desesperançado, angustiado e inseguro. Assim, quando surge um problema difícil, ou mais grave do que o normal, que lhe desafia a capacidade de resolução; quando se sente acuado pelas circunstâncias; quando as situações fogem a seu controle; ou ainda quando nem tudo é como deseja e se sente preterido, ele parte para a solução que lhe parece mais fácil e que, segundo seu modo de ver, resolverá todos os seus problemas: o suicídio.

Outro grande motivo que o impele a não desejar mais viver, e que nos enche o coração de piedade, é a falta de amor. Tais pessoas, invariavelmente, têm uma coisa em comum: apresentam uma extrema carência afetiva. Observamos, na generalidade dos casos atendidos, que as criaturas não se sentiam amadas.

No cerne da questão, entretanto, avultam as imperfeições do ser encarnado, que conserva ainda suas maiores chagas: o egoísmo e o orgulho.

Não fora esse culto ao egocentrismo, perceberia que "é dando que se recebe". O orgulho o leva a se julgar acima dos outros e o único a ter direitos. O egoísmo faz com que só pense em si mesmo, deseje tudo para si e só enxergue o que lhe interessa. Assim, vive numa redoma sem oxigenação: só recebe, nada doa, e isso provoca nele uma visão distorcida do problema que o incomoda.

Mesmo nos casos em que existe um componente espiritual, na pessoa de um desencarnado vingativo e cruel, ou de doença mental que leve as criaturas à loucura, a situação ainda não deixa de ter ligação direta com as imperfeições citadas, visto que é a incapacidade de amar e de perdoar, tendo como pano de fundo o egoísmo e o orgulho, que as mantém em sintonia com seus inimigos – suas vítimas do passado –, aqueles a quem muito prejudicaram e que ora surgem na posição de algozes.

Na verdade, bastaria que atentassem para a moral evangélica, aceitando Jesus e seu sublime convite ao amor, e fazer aos outros o que gostariam que os outros lhe fizessem, para que deixassem de se considerar tão infelizes e rejeitados.

Contudo, acompanhando seus casos, sentimos uma imensa compaixão dessas criaturas muito sofredoras, que merecem todo o nosso carinho e atenção. Como ignoram as sublimes leis que regem a vida, ainda não se capacitaram à tarefa que também lhes cabe de, progredindo, auxiliarem o progresso da sociedade em que vivem.

A evolução é trabalho que demanda tempo, e o progresso se faz muito lentamente, em especial num planeta de expiações e de provas, como é o caso da Terra.

Aos poucos, no entanto, a criatura humana vai ascendendo em moralidade e conhecimento, procurando o próprio caminho que conduz a Deus e iluminando seus próprios passos, responsável que é pelo seu futuro.

Não nos julguem, porém, criaturas privilegiadas ou melhores do que vocês, encarnados. Somos apenas Espíritos que, tendo deixado o mundo corpóreo, com o despertar da consciência

VIVER SEMPRE VALE A PENA

para a responsabilidade, tentam na Vida Maior progredir e sanar seus débitos, ajudando outras pessoas mais necessitadas, à luz do Evangelho Redentor e da Doutrina dos Espíritos.

Foi um período profundamente gratificante para todos nós, participantes dessa equipe, razão pela qual temos o prazer de entregar a público as experiências que vivenciamos, muito ricas em conteúdo e aprendizado, cujas anotações transcrevemos de 30 de abril de 1996 até a presente data.

Em nome da caridade cristã que se deve a todos os nossos irmãos, foram trocados os nomes dos personagens envolvidos nos casos citados, evitando-se, assim, uma identificação indesejável, com prejuízos e constrangimentos desnecessários a encarnados e suas famílias.

Esperamos que essas experiências possam auxiliar a todos aqueles que, numa hora aflitiva da vida, venham a conceber um pensamento de autodestruição ou que cheguem mesmo a tentar o suicídio.

Aos que tenham infelizmente concretizado suas intenções e hoje se encontram na Espiritualidade, deixamos aqui consignado que, conquanto o sofrimento superlativo, jamais percam a esperança e a confiança em Deus, Pai Maior de todas as criaturas, cheio de misericórdia e de amor. Sempre terão novas oportunidades, na busca do aprimoramento moral, de reajustar-se perante a Lei Divina, que infringiram, quando então poderão remir seus débitos e libertar-se dos males que, espontaneamente, amontoaram sobre as próprias cabeças.

A todos eles o nosso afeto e o nosso respeito.

Finalmente, queremos registrar nossa eterna gratidão:

– à equipe de companheiros desencarnados, que nos enriqueceram com suas ideias e amizade;

– à equipe encarnada, da Sociedade Espírita Maria de Nazaré, que muito nos tem ajudado e sem a qual não teria sido possível, certamente, a realização deste trabalho;

– aos dirigentes, especialmente Galeno, que com extrema paciência e lucidez nos orientaram nessa tarefa;

– à equipe de Maria de Nazaré, nossa Mentora Maior, que do Alto nos envolve com infinito amor;

– a Jesus, o Mestre dos Mestres, Amigo e Companheiro, que nos concedeu a oportunidade de amealhar novos conhecimentos e experiências;

– a Deus, Senhor do Universo e Pai Magnânimo e Misericordioso, Doador da Vida e Razão de Ser de tudo e de todos, a quem reverenciamos neste momento.

Muita paz!

Eduardo

Rolândia (PR), 16 de setembro de 1997.

DIRETRIZES NOVAS

"Mas Jesus lhe replicou: Ninguém que, tendo posto a mão no arado, olha para trás é apto para o reino de Deus."

(Lucas, 9:62)

Um dos espetáculos mais tristes que me foi dado contemplar aqui na Espiritualidade diz respeito aos suicidas, os que desertam da vida física, incapazes de suportar o peso dos problemas e das dificuldades que surgem em suas trajetórias, optando pelo aniquilamento do corpo material.

Quaisquer motivos que os tenham levado ao ato extremo – não apenas aqueles que executam o ato deliberado e consciente, mas também os que, pelas suas condutas, deslizam inconscientemente para a autodestruição –, todos merecem a nossa piedade.

Certa ocasião, após assistirmos a uma palestra – "A necessidade de valorização da vida" –, proferida por Ivan de Albuquerque, um jovem e ilustre visitante, conversávamos, na varanda de nossa casa em Céu Azul, tecendo considerações sobre o tema. Estavam presentes vários jovens da nossa turma, bem como alguns de outros "abrigos", além do nosso orientador, que nos dava o prazer da visita.

Externei o desejo de aprofundar-me no assunto, buscando estudar mais para ajudar a todos esses infelizes.

Nosso instrutor, gentilmente, ofereceu-se para encaminhar-me a um grupo de apoio que atuava nessa área. Agarrei a oportunidade com muita satisfação, antevendo aprendizado importante e outras responsabilidades, que viriam enriquecer-me o íntimo com novos valores.

Dois outros companheiros da turma, com quem temos muitas afinidades – Marcelo e César Augusto –, presentes naquela reunião, também demonstraram interesse pelo estudo e, assim, combinamos nos encontrar no dia seguinte, quando Eusébio, nosso orientador à época, nos conduziria ao local onde se reunia o grupo de ajuda aos suicidas.

Agradecemos comovidos ao bondoso amigo que, mais uma vez, nos satisfazia os anseios de crescimento interior. Sem contar que a ocasião era propícia, pois concluiríamos um curso naqueles dias e poderíamos dispor de algumas horas de folga, sem prejuízo das nossas atividades normais.

No horário aprazado, dirigimo-nos com Eusébio até o local determinado. Um homem de idade indefinida – ora aparentava cerca de cinquenta anos, ora parecia um jovem de vinte –, sério e ao mesmo tempo afável, recebeu-nos. De estatura elevada, cabelos castanhos, curtos e lisos, um tanto grisalhos nas têmporas, fisionomia atraente e enérgica, olhos firmes e serenos, logo conquistou nossa simpatia.

Nosso orientador cumprimentou-o com familiaridade, trocando algumas palavras gentis. Em seguida, apresentando-nos com gesto carinhoso, Eusébio explicou:

– Galeno, aqui estão os rapazes sobre os quais lhe falei. Marcelo, César Augusto e Eduardo. São meus amigos e pretendem ser aprendizes e colaboradores sob sua tutela.

Abrindo largo sorriso, dirigiu-nos palavras calorosas:

– Sejam bem-vindos! Com que então desejam trabalhar conosco? Escolheram o momento certo, porque estamos iniciando um novo grupo e fico muito satisfeito pela demonstração de interesse e boa vontade de vocês. Existe muito por fazer e nos faltam auxiliares nessa área. Como afirmou Jesus: "a seara é grande e os trabalhadores são poucos".

Externei os nossos agradecimentos, falando pelo grupo:

– Somos profundamente gratos pela nova oportunidade de serviço que nos concede, irmão Galeno, e procuraremos ser dignos dessa confiança, esforçando-nos para realizar o melhor ao nosso alcance.

– Não tenho dúvidas a esse respeito. Venham! Vou apresentá-los aos outros membros do grupo.

Antes, porém, de passarmos para a outra sala, dirigiu-se para Eusébio, considerando:

– Fique tranquilo. Eles estarão bem.

– Sei disso e lhe agradeço, Galeno. Vou deixá-los agora para que possam iniciar as atividades. Também tenho compromissos importantes e inadiáveis que me aguardam. Conte comigo para o que precisar. Estarei a seu dispor.

Após as despedidas, Galeno conduziu-nos para uma sala de reuniões ampla e arejada, apresentando-nos aos jovens que ali já se encontravam:

– Estes são os outros membros do nosso grupo. – Conforme ia dizendo nossos nomes, os presentes sorriam e externavam votos de boas-vindas.

Logo após nos integrarmos ao grupo, disposto em círculo, cada um deles, a seu turno, se apresentou. Eram seis: Virgínia, Ricardo, Patrícia, Mônica, Urias e Alberto.

Encerradas as apresentações, Galeno proferiu uma prece, dando por iniciada a reunião. Em seguida, explicou:

– Este é um grupo que se propõe a trabalhar junto aos maiores necessitados que existem: os suicidas. Para isso, é imprescindível estudarmos as raízes do problema. Basicamente, o nosso conteúdo abrangerá áreas de aprendizado em que procuraremos analisar "como", "por que" e "quando" o suicídio ocorre, qual a terapêutica mais eficaz e quais os meios de ajuda de que podemos dispor.

Galeno fez uma pausa, fitando cada um de nós, e prosseguiu:

– É assunto extremamente complexo, que iremos analisar aos poucos. Este grupo é para principiantes, que terão oportunidade de, gradativamente, irem adentrando área tão melindrosa quanto a de atuar junto aos suicidas. Temos outras equipes trabalhando em funções mais especializadas e de maior responsabilidade.

Após nova pausa, em que perscrutava nossa íntima disposição para esse labor, concluiu com gravidade:

– Lidar com suicidas exige grande equilíbrio do servidor. Assim, é indispensável agora o fortalecimento das condições mentais e vibratórias de cada um, para que possam suportar o contato com esses irmãos necessitados sem se deixarem influenciar por eles.

– Dizem que as emanações deletérias de um suicida podem conduzir outros ao mesmo ato, se não estiverem devidamente preparados – comentou Virgínia.

– Exato! – concordou o instrutor Galeno. – Por isso, nossas atividades práticas, nesta primeira fase, irão se restringir à prevenção do suicídio.

– Vamos trabalhar com os encarnados, então? – indagou Urias.

– Sim. Procuraremos auxiliar os que estejam sofrendo pressões de toda ordem, evitando assim que cometam o ato extremo, do qual iriam se arrepender amargamente no futuro.

Compenetrado, Alberto questionou:

– Quando encarnado, fiz uso de drogas e isso é autodestruição inconsciente. Também agiremos nessa área?

– Sem dúvida. Não só com drogados, mas com todos aqueles que apresentem alguma tendência viciosa, ou seja, que se utilizam do álcool, do sexo desregrado, dos jogos de azar, da alimentação excessiva...

– Como? Comida em excesso?!...

Todos riram com o espanto de Patrícia.

Sorrindo também, Galeno considerou:

– É verdade. Comida em demasia é prejudicial ao organismo. Vocês sabiam que ocorrem mais desencarnações por excesso do que por falta de alimentação?

Mônica, que ainda conservava algo do aspecto robusto de quando era encarnada, assustou-se:

– Gente! Então, cometi suicídio inconsciente?

– Não vamos aos extremos – ponderou Galeno, acompanhando a risada geral –, contudo você há de convir que enfrentou muitos problemas, quando chegou do "lado de cá" da vida, não é?

– Confesso que sim. Minha maior dificuldade foi em relação à comida. Sentia falta dos excessos a que me entregara na Terra. Custei a me adaptar à nova realidade em virtude dos condicionamentos que trouxera.

Os demais jovens estavam admirados com o relato de Mônica e cada um pensava no seu próprio problema.

– Perceberam? Jesus, o maior sábio de todos os tempos, deixou-nos um significativo ensinamento que importa considerar em profundidade: "Onde está o teu tesouro aí estará também o teu coração". Quero que meditem bem nessa lição, sobre a qual conversaremos amanhã.

Após uma singela prece de agradecimento pela nova oportunidade de servir, Galeno concluiu bem-humorado:

– Por hoje estão dispensados.

Alegremente, separamo-nos, cada qual pensando em sua própria experiência.

NOVOS AMIGOS

*"Porque onde está o teu tesouro aí
estará também o teu coração."*

(Mateus, 6:21)

Na manhã seguinte, estávamos novamente juntos para o prosseguimento dos estudos. Após a prece inicial, Galeno deixou a palavra livre para exame do tema proposto na véspera.

Alberto, rapaz de tez clara, olhos verdes e cabelos castanhos, alto e magro, semblante sereno, deu a partida expondo sua experiência:

– Tenho pensado muito nesse assunto. Foi, aliás, uma das razões que me fizeram decidir pelo ingresso no grupo. Nasci numa família boa e sem grandes problemas, além daqueles normais em qualquer agrupamento familiar. Meu pai era industrial e recursos não nos faltavam. Desejava que eu estudasse, fosse um doutor, projetando em mim seus ideais, já que ele não tivera condições para isso. Assim, para agradá-lo, fiz o curso de Medicina. Com dificuldade, é claro, porque gostava mesmo era de aproveitar a vida, o que fiz com paixão. Tendo experimentado de tudo, certa ocasião aceitei a sugestão de um colega e parti para a droga. Comecei com o "baseado", passando logo para substâncias mais fortes.

Fez uma pausa, passou o olhar pela pequena assistência e prosseguiu:

– Para minha infelicidade, era médico e tinha acesso fácil às drogas e entorpecentes. Não foi difícil mergulhar fundo no vício, levando outros para o mesmo caminho.

– E seus pais nunca perceberam? – perguntou Virgínia.

– Não. Confiavam plenamente em mim e teriam colocado a mão no fogo pelo filho "doutor". Só muito tarde vieram a saber das minhas reais condições, quando alguém me levou para um hospital, depois de uma festinha de embalo, já em estado comatoso. Desencarnei por overdose e sofri muito no além-túmulo. Fiquei um bom tempo em zonas inferiores, até que fui socorrido por benfeitores espirituais e trazido para cá.

Após nova pausa completou, emocionado:

– Por excesso de recursos financeiros, que me livravam de qualquer preocupação material; pela falta de ideais superiores, que me dariam o sustentáculo necessário para vencer as dificuldades da vida; sem convicção religiosa de espécie alguma, elegi o prazer como meta da minha vida e fiz dele o meu tesouro, sem perceber que me afundava cada vez mais na degradação moral. Graças à ajuda dos amigos da Espiritualidade, fui aos poucos desintoxicando o organismo espiritual dos condicionamentos negativos vinculados às drogas, e, hoje, posso dizer que estou bem.

Todos estávamos impressionados com a narrativa de Alberto e, durante alguns minutos, permanecemos em silêncio meditando em suas palavras.

Em seguida foi a vez de Patrícia. Ela iniciou seu relato dizendo:

– Meu tesouro era meu corpo. Muito jovem ainda, ouvia as pessoas elogiarem minha beleza, meu corpo perfeito, o que me enchia de orgulho e vaidade. Passava muito tempo diante de um espelho, ou escolhendo a melhor roupa para sair, ou preocupada em usar produtos que me tornassem ainda mais bela e desejável. Ou numa academia de ginástica, onde procurava esculpir minhas formas, sanando qualquer ligeira imperfeição que surgisse. Tudo em mim tinha que ser perfeito.

Enquanto Patrícia falava, eu a fitava com admiração. Realmente era uma bela moça. Bastos cabelos compridos e anelados, pele perfeita, corpo esguio e elegante, gestos delicados e voz bem modulada. Sem dúvida, quando encarnada, deveria ter sido de fazer com que os homens se virassem à sua passagem. Olhei para os outros membros do grupo e percebi que estavam pensando o mesmo que eu.

Continuava ela, espraiando o olhar pela reduzida assistência:

– Não me interessava pelos estudos. Por arte ou qualquer outro tipo de atividade. Nem pelas outras pessoas. Cultuava somente a mim mesma. Contudo, a Sabedoria Divina, na cobrança da Lei e provendo as minhas reais necessidades, me enviou uma doença que fez com que o mundo desabasse sobre minha cabeça. Contraí um câncer de pele, que, em pouco tempo, destruiu a beleza que eu tanto prezava. A princípio meu rosto todo ficou cheio de manchas, que, posteriormente, viraram feridas. Com o tempo, todo o meu corpo foi atingido pela enfermidade, transformando-se numa imensa chaga viva.

Parou de falar, olhou para nós e suspirou, exclamando com amargura:

– Ah! Que desilusão! Só então percebi como era frágil o meu tesouro. Excetuando-se a beleza do corpo, eu não possuía mais nada, uma vez que não procurara conquistar afetos, amizades ou conhecimentos. Tornei-me uma pessoa revoltada, amarga e rancorosa, pois me considerava uma vítima, uma injustiçada.

– Mas você continua muito bonita! – exclamou Urias, externando o pensamento geral.

VIVER SEMPRE VALE A PENA

Ela sorriu, mostrando uma fieira de dentes alvos e perfeitos, e ponderou:

– Sim, mas isso agora não tem nenhuma importância. Após a grande viagem e durante longos anos, convivi com as sequelas, resultantes da enfermidade orgânica, cujos reflexos continuavam atormentando-me na Espiritualidade. Hoje, porém, estou completamente recuperada e tenho como tesouro maior a bênção do conhecimento das verdades eternas do Evangelho de Jesus, e tento desenvolver em mim as condições morais imprescindíveis ao processo evolutivo do ser imortal.

Agora era a vez de Mônica que, fitando a companheira que acabara de contar a sua experiência, considerou:

– Como você, Patrícia, também cultuei o meu corpo, só que de outra maneira. Enquanto você considerava-se linda e sedutora, eu me sentia um lixo. Em virtude da obesidade, que era uma tortura para mim, no fundo criatura vaidosa e cheia de orgulho, acreditava-me um ser desprezível e indigno de ser amado por quem quer que fosse.

Mônica fez uma pausa, analisando a nossa reação. Com um gesto expressivo de desalento, prosseguiu:

– Assim, passei toda a minha vida preocupada com meu excesso de peso e com dietas que, absolutamente, não levava a sério. Quanto mais me preocupava, mais a ansiedade me levava a atacar a geladeira e a mergulhar em doces, sanduíches, massas e refrigerantes.

Nesse ponto, não pudemos deixar de rir. Mônica era muito bem-humorada e divertida. Quando falava, representava com gestos e expressões faciais, que nos permitiam visualizar a cena a que se referia, fazendo com que caíssemos na risada.

Quando paramos de rir, ela finalizou:

– Dessa forma, perdi a existência. A obesidade era uma necessidade – segundo fui informada posteriormente – que eu programara minuciosamente antes de reencarnar com o objetivo de evitar que a beleza física me afastasse da programação que me propusera realizar em benefício do meu progresso espiritual. Deveria esquecer de mim mesma, ajudando o meu próximo, especialmente crianças desamparadas. Não consegui. Desencarnei em virtude de um problema cardíaco e fiquei durante algum tempo em zonas inferiores, visto não estar preparada para o fenômeno da morte física.

Incentivados com os relatos dos companheiros, outros foram falando e acrescentando dados novos ao nosso estudo.

Urias, que fora muito pobre, partira para a delinquência, revoltado com a sua situação de favelado. Abandonara o veículo corpóreo vitimado por uma bala, num confronto com a polícia. Ricardo, que depositara no esporte todas as suas fichas, procurando nas medalhas a sua realização, afogara-se numa praia do litoral paulista em virtude de câimbras. Tinha sido excelente nadador; por isso, sua desencarnação causara perplexidade a todos que o tinham conhecido.

Como o tempo estivesse se esgotando, Galeno considerou, fechando o assunto:

– As experiências de cada Espírito são muito ricas de ensinamentos, como estamos vendo. Perceberam como cada um tem interesses diferentes? Todos nós centralizamos a mente em torno de um ponto, um núcleo, que comanda a nossa vida. De acordo com a faixa evolutiva em que estaciona, o Espírito elege seus interesses. À medida que cresce em sabedoria e valores morais, seus desejos afastam-se da materialidade, passando a uma maior espiritualização.

Fez uma pausa e concluiu:

– Ouvimos hoje relatos de pessoas que focalizaram seus desejos em torno de coisas e assuntos materiais, ali depositando seu tesouro e seu coração. Nenhum de vocês procurou, quando encarnado, desenvolver ideais superiores, nobres valores morais, que teriam dado uma dinâmica diferente às suas vidas. Com exceção de César Augusto – que, em virtude da enfermidade que o levou ao desencarne, procurou visualizar o lado transcendental –, todos os demais se preocuparam apenas com o lado material da vida. O nosso desafio é exatamente esse. Desfocar nossos interesses, elevando-os. Torna-se necessário, portanto, que cultivemos o desprendimento e abandonemos o egoísmo que tanto temos acalentado. Vocês estão aqui em processo de aprendizado. Aqui no Mundo Espiritual, já compreenderam a importância do "vencer-se a si mesmo". Trabalharemos no sentido de nos despojarmos dos próprios interesses para percebermos as necessidades do próximo, ajudando-o. Para isso, contamos com o Evangelho de Jesus, que será sempre o roteiro seguro que devemos seguir.

Encerrando a reunião, Galeno proferiu uma prece, e deixamos a sala pensando em tudo o que ouvíramos e que tanto nos impressionara.

Tínhamos um farto material para reflexão!

NO TRABALHO ATIVO

*"O que quer que seja que pedirdes na prece,
crede que o obtereis, e vos será concedido".*

(Marcos, 11:24)

Nos dias seguintes, continuamos nossos estudos, enfocando temas de profunda relevância para o objetivo que nos propúnhamos a realizar e dedicando especial atenção à necessidade do equilíbrio interior.

Certo dia, Galeno nos deu a boa notícia:

– Hoje vamos iniciar a parte prática do nosso estudo, sem prejuízo das aulas teóricas, que serão ministradas concomitantemente. Temos alguns casos em andamento que farão parte do nosso roteiro de atendimento. Contudo, acabamos de receber um chamado de emergência e vamos até o local indicado, já em atividade socorrista. Partamos.

Surpresos, mas satisfeitos pela oportunidade de nos exercitarmos no trabalho ativo, deslocamo-nos até a Crosta Terrestre, sob a direção de Galeno.

Ainda era cedo. Para os encarnados, o dia estava apenas começando. O sol, ainda fraco, iniciava sua trajetória pelo espaço. Faltavam dez minutos para as oito horas quando chegamos ao local.

Em meio a um matagal, num terreno baldio na periferia de grande cidade, encontramos uma jovem desacordada. Nosso instrutor acercou-se da adolescente, cheio de piedade.

Era ainda uma menina, aparentando uns catorze ou quinze anos, talvez mais. Loira, magra, muito bonita, bem-vestida, o que denotava ser alguém da "sociedade". Extremamente pálida, tinha contornos arroxeados nos olhos e na boca. Estava toda molhada, em virtude da garoa que caíra durante a madrugada.

Galeno cumprimentou uma entidade do nosso plano, que estava próximo da jovem. Era uma senhora de cabelos grisalhos, acusando intensa preocupação. Quando nos viu, veio ao nosso encontro.

– Graças a Deus que vocês chegaram! Minha neta está passando muito mal! – exclamou ela, aflita mas aliviada.

– Recebemos o seu chamado, irmã Adelina. O que aconteceu?

– Luciana estava muito desesperada ontem à noite, e cometeu uma série de loucuras. Tentei impedi-la, mas não me atendeu aos apelos. Seus "amigos" abandonaram-na aqui, ao perceberem que Luciana estava passando mal. Debalde procurei socorro, ninguém me ouviu. Como esse lugar é muito deserto, temia que minha neta desencarnasse sem receber ajuda. Não sabia mais o que fazer!

– Tranquilize-se, Adelina. Vamos confiar em Deus e trabalhar. Não se desespere. Se quiser ajudar com proveito, ore.

A senhora pareceu acalmar-se um pouco, enquanto Galeno examinava a pobrezinha desacordada. Sobre o corpo da menina via-se uma outra forma, em tudo semelhante à primeira. Era o seu corpo espiritual, que estava quase totalmente desprendido da matéria e igualmente sob o efeito das drogas.

Algumas entidades escuras, que no momento em que chegamos, procuravam inalar as substâncias entorpecentes que a jovem exalava, fugiram assustadas com a presença de Galeno.

Chamando Marcelo e Alberto, nosso orientador disse:

– Ela está em coma. A dosagem de substâncias entorpecentes foi muito grande e precisamos agir rápido. Procurem nas imediações alguém encarnado que possa prestar-lhe socorro e tragam-no até aqui. E, quanto a nós – dirigiu-se aos demais membros da equipe –, vamos trabalhar. Concentrem-se, mantendo unidade de propósitos, com vistas à recuperação da nossa irmãzinha.

Os dois saíram para cumprir as ordens recebidas, enquanto Galeno pôs-se a agir. Impondo as mãos sobre a jovem, iniciou a aplicação de passes no sentido longitudinal, com o objetivo de dispersar as emanações deletéreas existentes no organismo. Logo, uma fumaça escura começou a se desprender de todo o corpo de Luciana.

Enquanto Galeno trabalhava, profundamente concentrado, nós o observávamos, ajudando em pensamento.

Ao cabo de alguns minutos, a massa escura diminuiu de intensidade, ficando cada vez mais clara até reduzir-se a quase nada.

Nesse momento, vimos aproximar-se um homem, absolutamente ignorante do que estava acontecendo, conduzido por nossos amigos Marcelo e Alberto. Ao chegar próximo ao local onde estávamos, Luciana gemeu e ele parou, espantado, apurando os ouvidos. A equipe toda vibrou.

" Parece que tem alguém aí!" – pensou o desconhecido.

Ainda levado gentilmente pelos membros do nosso grupo, o homem entrou no matagal e, estarrecido, viu a jovem caída. Afastou-se correndo em busca de socorro, percebendo que a moça ainda estava viva.

E nós respiramos aliviados e satisfeitos. Logo a ambulância chegou, levando-a para um hospital. Fomos todos juntos, aboletados no veículo. Lá chegando foi uma correria de médicos e enfermeiros, que a levaram rapidamente para a Unidade de Terapia Intensiva.

O pior já havia passado. Não fora a ação rápida e eficiente de Galeno, Luciana teria retornado mais cedo para o Mundo Espiritual, desencarnando por overdose e na condição de suicida.

O homem que socorrera a jovem, operário de uma fábrica agora com *status* de herói, relatava para quantos quisessem ouvir como a encontrara no meio do mato. E terminava afirmando, orgulhoso do próprio feito:

– Foi pura sorte eu estar passando por ali naquele momento, porque geralmente faço outro trajeto para ir trabalhar!

Nós, da Espiritualidade, trocávamos olhares de entendimento e ríamos. Mal sabia ele o trabalho que dera ao Alberto e ao Marcelo!

Não demorou muito a família chegava, perplexa e aflita.

Ao saber do ocorrido, os pais demonstraram total desconhecimento dos problemas da filha, incapazes de compreender o que teria levado Luciana a se tornar uma viciada.

– Nossa filha tem de tudo, doutor! – exclamava a mãe, falando com o médico.

Nervoso, acendendo um cigarro no outro, e depois passando a mão nos cabelos ralos, o pai reclamava:

– Tenho trabalhado duro minha vida inteira, doutor, para dar o conforto que a família merece. Não tenho poupado esforços. E agora, isso! A gente cria os filhos com todo amor e recebe esse golpe na cabeça? Porque eu sinto como se tivesse levado uma paulada no crânio!

– Relaxe, doutor Onofre, o senhor também precisa se cuidar. Sua filha está fora de perigo agora. Se o socorro tivesse demorado mais uns cinco minutos eu não teria conseguido salvá-la. O importante neste momento é ajudar Luciana a sair dessa situação. Ela ainda não acordou, mas está bem. Não toquem no assunto por enquanto, deixem que ela se recupere. Depois, poderão conversar e resolver seus problemas tranquilamente. Está bem?

– Obrigado, doutor Carlos. Nem sabemos como lhe agradecer. Sim, faremos como sugere. Não é hora para cobranças e recriminações. Não se preocupe.

Sem que alguém pressentisse nossa presença, acompanhávamos a conversa, satisfeitos com o resultado do atendimento.

Como nada mais havia a fazer naquela hora, saímos do hospital, tendo Galeno deixado a vovó Adelina responsável pela neta. Acomodada numa cadeira ao lado do leito, feliz e agradecida, ela aguardaria nosso retorno. Além disso, Luciana teria a assistência de outros servidores do nosso plano, que exerciam suas atividades diretamente naquele hospital.

Ganhando o espaço, Galeno nos disse:

– Voltaremos assim que se fizer necessário. Por ora, Luciana está convenientemente atendida e não precisa da nossa presença.

NO HOSPITAL

"Não julgueis, para que não sejais julgados".

(Mateus, 7:1)

No dia seguinte, terminadas as tarefas do dia, dirigimo-nos até o hospital para visitar Luciana.

No quarto, recostada em travesseiros, a jovem acusava expressiva melhora. Pálida, fisionomia tristonha, Luciana acabara de jantar. A mãe lhe fazia companhia, vez por outra olhando para o relógio, impaciente.

Leve batida na porta. Era o médico, na ronda costumeira, que vinha ver a paciente.

Dr. Carlos examinou-a em silêncio. Em seguida, fez-lhe algumas perguntas. Depois, conversou com Beatriz, mãe de Luciana, e, antes de sair, disse:

– Luciana, o que aconteceu com você foi um verdadeiro milagre. Pode considerar que nasceu de novo. Sua recuperação está excelente, inacreditável até, e, se continuar assim, em breve terá alta.

Como a menina virasse o rosto, indiferente, o médico insistiu, tentando conversar:

– Não quer ir para casa?

Luciana balançou os ombros, permanecendo calada.

Dr. Carlos continuou, gentil:

– Acabei de dizer que você nasceu de novo. Isso não lhe diz nada? Você foi salva de morte certa!

Virando-se para ele, irritada, a menina respondeu com grosseria:

– E quem foi que disse que eu queria ser salva? Olha aqui, vê se me esquece, falou? Se pensa que vou me ajoelhar e agradecer porque o senhor me salvou a vida está muito enganado. Estou é com ódio! Muito ódio! Saia daqui!

Beatriz, morta de vergonha, chamou a atenção da filha:

– Luciana, o que é isso? Onde já se viu falar assim com o Dr. Carlos?

Virando-se para a mãe com agressividade, ela gritou:

– E vê se não me enche a senhora também! To cheia! Não aguento mais esse papo.

Começou a berrar a plenos pulmões, acusando a todos de estarem contra ela, reclamando do hospital, das enfermeiras, da comida, de tudo.

Dr. Carlos saiu e ordenou que aplicassem uma injeção tranquilizante em Luciana, que entrara em terrível crise.

Observando o comportamento da garota, estávamos horrorizados. Urias não se conteve:

– Puxa! Esta garota está precisando é de um bom corretivo. Que falta de educação! Será que umas palmadas no lugar certo não ajudariam?

Galeno fitou-o gravemente, orientando:

– Estamos aqui em tarefa de auxílio. Não façam julgamentos precipitados. Ajudemo-la com nossas vibrações de paz e harmonia.

Mais calma, Luciana parecia dormir. A mãe aproveitou a tranquilidade que se fizera para descansar um pouco. No aposento, cuidando da enferma, permaneceu uma tia que chegara naquela hora.

Virada para a parede, de olhos fechados, Luciana fingia dormir para não ser incomodada.

Aproveitando o momento, Galeno informou:

– Vocês estão em tarefa de aprendizado. Vamos examinar o quadro em toda a sua extensão. Observem. Luciana, acreditando-se sozinha, pensa. Concentrem-se e exercitem o adestramento psíquico já desenvolvido. Sua memória volta-se para o passado, lembrando tudo o que já sofreu. Vejam!

De fato, da cabeça de Luciana surgiam cenas, cujas imagens ganhavam vida. Despreocupei-me de tudo o que acontecia à minha volta, passando a centralizar a atenção nas emanações mentais da jovenzinha.

A infância solitária nas mãos de empregadas, a maioria sem condições de cuidar de uma criança. Luciana vivia pelos cantos da enorme mansão, chorando; seu quarto, cheio de brinquedos, não lhe despertava o interesse. Desejava a companhia da mãe e do pai, que nunca estavam presentes, sempre em festas e viagens.

Quando os pais estavam em casa, Luciana suplicava seus carinhos, mas era sempre recebida com indiferença ou recriminações. A única pessoa que lhe dava mais atenção era a avó Adelina, mãe de Beatriz, que nutria imenso amor pela netinha. Quando a avozinha desencarnou, Luciana sofreu muito, sentindo-se insegura e desprotegida.

Estávamos profundamente emocionados e atônitos com a história de Luciana, que se desenrolava a nossos olhos.

Agora, aparecia uma cena em que ela, já quase adolescente, conhecia alguns rapazes e moças que a convidavam para ir a uma lanchonete. Aceitou, acreditando-se valorizada pelo grupo.

Passou a encontrar-se sempre com os novos amigos. Tinha bastante dinheiro, gastava muito, e todos a requisitavam. Participava de festinhas em que tudo era permitido. No fundo, sabia que muitas das coisas que fazia eram erradas, mas, como não tinha ninguém que lhe impusesse limites, foi mergulhando cada vez mais na degradação moral. Além do sexo inconsequente, vieram as drogas, usadas em larga escala, até que, naquele dia, perdeu o controle da situação, exagerando na dose.

Cheios de compaixão, tínhamos agora outro entendimento. Víamos uma adolescente, quase uma menina, apavorada e tremendamente carente de afetos.

Urias abaixou a cabeça, envergonhado:

– Não poderia imaginar tanto sofrimento – confessou.

– Existe isso e muito mais. Este é apenas um caso. Existem milhares, milhões de problemas iguais ou maiores que os de Luciana.

Pensamento prático, indaguei:

– O que podemos fazer para ajudar?

– Muito bem, Eduardo. Estamos aqui para isso. O que sugere?

Após pensar por alguns momentos, disse:

– Bem, ela precisa reestruturar toda a sua vida, que realmente está um caos. Necessita de alguém que possa servir-lhe de apoio e dar-lhe sustentação moral. Falar de religião agora talvez seja prematuro, mas haverá algum grupo de jovens espíritas nas imediações? O conhecimento das realidades espirituais seria fundamental em sua vida.

Galeno sorriu, satisfeito.

– Exatamente. Muito bem lembrado. Esse é um ponto importante e vamos cuidar disso. Alguém tem mais alguma sugestão?

Alberto, que além de ter exercido a medicina também havia sido um viciado, falou:

– Luciana precisa afastar-se dessas companhias indesejáveis. Caso contrário, nada surtirá efeito. Conheço o problema a fundo. Os traficantes não desistem com facilidade. E eu me pergunto: será que Luciana "deseja" abandonar o vício? Terá sido a experiência atual tão forte que a leve a mudar de comportamento? Tenho minhas dúvidas!

César, que até aquele momento ouvia calado, ponderou:

– Esse é um ponto importante que precisa ser considerado. Além disso, pelo estado de dependência já desenvolvido, o organismo necessita de desintoxicação. A reação agressiva que Luciana demonstrou há poucos minutos é a resposta aos condicionamentos negativos sedimentados. Começa a sentir falta da droga e, nesse momento, a sustentação moral é muito importante.

– Sem dúvida. Por isso, penso que ela irá precisar de apoio psicológico, exatamente para lhe dar essa sustentação e também para tentar resolver seus problemas emocionais, que são muitos – afirmou Virgínia.

– É, minha amiga, mas acho que quem está precisando de tratamento mesmo são seus pais! – aduziu Mônica, que ainda não tinha dado sua opinião.

Todos concordamos, sem deixar de rir do jeito despachado da companheira. Galeno fitou a cada um, indagando:

– Mais alguma coisa? Ricardo e Patrícia ainda não falaram.

O rapaz, que tudo ouvia atentamente, considerou:

– Enquanto vocês falavam, eu pensava cá comigo. Tudo isso é verdadeiro e cada ponto lembrado é importante. Contudo, como desportista, tenho minha sugestão. Não é para agora, evidentemente, mas Luciana precisará gastar suas energias de forma positiva. O esporte é uma delas.

Patrícia, que ficara para o final, concluiu:

– Concordo com tudo o que foi dito. Precisa ser ajudada em todas as áreas para que possa realmente se recuperar. A autoestima de Luciana está muito baixa. Ela não se ama e não acredita que alguém a ame. Precisa ser valorizada, para poder se valorizar. É isso o que eu penso.

Galeno sorriu, concluindo:

– Estou muito satisfeito. Vocês foram direto aos pontos-chave. Algumas coisas virão como consequência de outras. O desenvolvimento de valores morais, compatíveis com uma vida digna e saudável, terá que ser conseguido através de algum grupo de apoio entre os encarnados. Muito bem. Mãos à obra! Vamos trabalhar!

Antes de deixarmos o quarto de hospital, fizemos uma prece agradecendo o amparo do Alto para nossas atividades e suplicando a Jesus e à nossa Mentora Maior, Maria de Nazaré, que nos propiciassem condições para socorrer a jovem Luciana.

MUDANÇA DE RUMO

*"Tudo quanto, pois, quereis que os
homens vos façam, assim fazei-o vós também
a eles; porque esta é a lei, e os profetas."*

(Mateus, 7:12)

Alguns dias depois, fomos visitar Luciana em sua casa. A mansão, localizada num bairro nobre da cidade, impressionava pela beleza arquitetônica. Seu pai, engenheiro de renome, tinha um escritório muito bem frequentado. A empresa construtora, que a princípio era pequena, aumentara consideravelmente. Dessa forma, Dr. Onofre não podia se queixar. Ganhava muito dinheiro, e o gastava na mesma proporção.

Entramos. Naquela hora, na sala, a família discutia acaloradamente. Luciana, recuperada, arrumara-se para sair com os amigos.

| 37

Os pais, também em trajes de festa, queriam exigir que a menina permanecesse em casa, o que ela não aceitava, retrucando:

– Por que devo ficar em casa? Sozinha!... Fazendo o quê?!... Mamãe!... Papai!... Se vocês concordarem em ficar, eu até fico. Precisamos conversar. Trocar ideias. Sinto-me muitas vezes necessitada de compreensão e ajuda. Por favor, não saiam. Fiquem!

Notava-se claramente que Luciana estava pedindo socorro. Apesar da atitude irreverente de adolescente moderninha, rebelde e fútil, das roupas exóticas e da maquilagem exagerada, percebia-se nitidamente essa angústia. A necessidade de carinho, de aconchego, de ter com quem conversar, ficava patente no olhar com que acompanhava as palavras.

Galeno aproximou-se do casal, reforçando, através da sugestão mental, o pedido de Luciana. Contudo, insensíveis, eles nada sentiram, e Onofre olhou impaciente para o relógio.

– Impossível! Nosso compromisso está marcado há mais de trinta dias. Não podemos faltar. Além disso, vamos entrar em contato com pessoas de muita influência política, cuja amizade poderia me facilitar as coisas profissionalmente.

Beatriz, por sua vez, acrescentou:

– Acho muito estranho você pedir para ficarmos em casa, minha filha. Logo você, que nunca se preocupou com isso e sempre fez o que quis! Sempre lhe demos muito amor e liberdade. Liberdade que, diga-se de passagem, você não tem sabido valorizar.

O irmão, Murilo, rapaz de vinte anos, chegou naquele momento e presenciou a cena, penalizado. Adiantou-se, sugerindo:

– Eu lhe faço companhia, Luciana.

Mas a ajuda chegou um pouco tarde. Nesse instante, irritada pela rejeição dos pais , a garota agarrou um vaso de alto preço, colocado sobre pequena mesa auxiliar, e o arremessou na parede. Nem ouviu as palavras conciliadoras do irmão. Cheia de mágoa, com lágrimas nos olhos, Luciana virou as costas e saiu batendo a porta.

Estupefatos, os pais ficaram parados no meio da sala, sem saber o que fazer, em face da violência e da agressividade demonstradas pela filha.

– O médico tinha razão, Beatriz. Luciana precisa de internamento em hospital – disse o marido.

– Mas, meu querido, não podemos! Essa atitude tornaria público o problema de nossa filha e isso está fora de cogitação. O que nossos amigos irão dizer? A sociedade toda irá comentar! Não, não suportarei as fofocas das amigas. E a imprensa? Se algum jornalista souber, estaremos perdidos! Não, impossível!

Murilo, que ouvia tudo em silencio, retrucou:

– Como sempre vocês só pensam nas outras pessoas. E Luciana? Não pensam no seu bem-estar? Ela precisa de ajuda urgente!

– Lá vem você fazer-nos recriminações! Também não tem sido um exemplo de virtudes. Seu comportamento não é um primor. Abandonou a faculdade e só pensa em divertir-se com os amigos e com garotas. Poderia auxiliar-me na empresa, mas qual! Trabalhar, nem pensar – disse o pai.

– Reconheço que meu comportamento tem deixado a desejar. Mas, pai, não gostava do curso de Direito. Achava uma chatice aquele negócio de ter que estudar leis. Queria mesmo era fazer Medicina, mas não consegui. Também não gosto de trabalhar na construtora.

– Bom mesmo é não fazer nada, não é? Só divertir-se e gastar o "meu" dinheiro! – acentuou Onofre com ironia.

O rapaz passou a mão pelos cabelos, nervoso:

– Como foi que começamos essa discussão? Não quero brigar com você, pai. Gostaria de poder ajudar minha irmã, sei que ela precisa de socorro urgente, mas não tenho condição. A verdade é que também me sinto meio deslocado nesta casa, como se fosse um intruso que estivesse de passagem.

Fez uma pausa, enquanto passava de novo as mãos pelo cabelo, demonstrando desânimo e insatisfação. Depois, concluiu:

– Acho que vou sair também. Luciana tem razão. Não dá para ficar aqui. Este ambiente sufoca!

VIVER SEMPRE VALE A PENA

Não podíamos mais permanecer ali. Tínhamos que fazer alguma coisa. Deixamos Onofre e Beatriz questionando-se mutuamente sobre onde haviam errado na educação dos filhos. Murilo saiu para se encontrar com os amigos, e nós para acompanhar Luciana, que se dirigia para uma festinha de embalo, na casa de um dos amigos cujos pais haviam viajado.

Conduzindo o carro emocionalmente desequilibrada, ao virar uma esquina, Luciana não viu um ciclista que vinha em sentido contrário. Tentou desviar, mas não conseguiu, atropelando a bicicleta e fazendo o rapaz cair sobre a calçada.

Parou o carro e desceu, irritada.

– Não enxerga, é?!...

– Não precisa ficar tão brava, moça. Eu estava na mão certa, você é que não fez a curva direito.

– Está me acusando de não saber dirigir? Quer dizer que sou culpada? Não sabe que não pode andar de bicicleta sem farol à noite?

– Sei, sim. Mas sei também que você não tem idade para dirigir e que, certamente, não tem habilitação. Seu pai sabe que você pegou o carro, menina? Ou ele é um desses pais irresponsáveis que entrega o carro nas mãos de uma adolescente?

Enquanto eles discutiam, Galeno, tranquilo e sorridente, observava a cena. Sem entender, comentei:

– Só faltava isso. Para completar, um acidente! Luciana já está tão desestruturada emocionalmente...

– Acalme-se, Eduardo. Não se preocupe – esclareceu o mentor. – Esse imprevisto acidente é a solução para os problemas de nossa amiguinha. Observe.

O rapaz se levantou do chão, limpando as roupas. Caindo em si e lembrando que o moço tinha razão quanto à falta de habilitação, Luciana indagou, mais mansa:

– Desculpe-me! Fiquei tão aflita que até me esqueci de saber como você está. Você se machucou?

– Não, estou bem. A bicicleta ficou com os para-lamas um pouco amassados, mas nada sério. Você é que me parece estar precisando de socorro. Está muito pálida e trêmula.

Luciana concordou:

– É verdade. Acho que o susto foi muito grande. Estou com tonturas.

O rapaz aproximou-se e amparou-a, gentil.

– Venha. Há um barzinho ali adiante, onde você poderá sentar-se e tomar um copo d'água. Eu a acompanharei.

Na metade do quarteirão havia uma pequena lanchonete. Eles entraram e acomodaram-se numa mesa.

O rapaz pediu água e Luciana optou por uma dose de uísque com gelo.

Sentados um de frente para o outro, no local mais bem iluminado, é que conseguiram ver-se direito. Luciana fez uma avaliação mental e reconheceu que o rapaz não era de se jogar fora. Até que era bem simpático! Era pobre, a julgar pelas roupas que usava, mas jovem e muito atraente.

– Que idade você tem? – perguntou ele.

– Dezesseis anos, mas sinto-me como se tivesse cem – respondeu ela.

Começaram a conversar e, logo, sentiram-se velhos conhecidos. Falaram das suas vidas, das coisas que gostavam e das que não gostavam, descobrindo muitas afinidades.

Luciana ficou sabendo que Humberto – era esse o seu nome – conhecia seu irmão Murilo. Haviam sido colegas na faculdade, mas Humberto abandonara os estudos por não ter recursos para pagar as mensalidades.

– Veja como são as coisas. Meu irmão também deixou de estudar, não por falta de dinheiro, mas simplesmente porque não gostava do curso. No entanto, você, que se interessava pelo estudo, teve que abandoná-lo por falta de condições!

Humberto sorriu, tranquilo:

– Não tem importância! Tudo vem a seu tempo. Um dia eu conseguirei realizar o meu sonho e serei advogado.

Ele tinha um lindo sorriso. Luciana olhava para ele atentamente enquanto falava. Humberto transmitia tanta segurança e paz que ela sentiu-se envolvida pela sua personalidade cativante.

Luciana falou dos problemas que enfrentava com os pais e de como se sentia infeliz, omitindo seu envolvimento com as drogas. Não desejava chocar o novo amigo, pois ele parecia ser alguém sério e responsável.

Humberto, que intimamente estranhou o fato de Luciana, ainda quase uma menina, ingerir bebidas alcoólicas, convidou-a para participar de um grupo de jovens, do qual ele fazia parte.

– Grupo de jovens? O que eles fazem? Qual é a deles? – perguntou ela assustada e um tanto decepcionada, temendo ter-se enganado a respeito do rapaz, que lhe parecera ser alguém diferente daquelas pessoas a que estava acostumada.

– Não tema, Luciana. É gente muito legal. Você vai gostar. A turma se reúne para estudar assuntos importantes para a nossa vida, trocamos ideias, sanamos dúvidas e nos amparamos mutuamente. Quer ir?

– Gostaria muito. Estou mesmo precisando falar com outras pessoas.

Ficaram horas conversando e refletindo sobre suas vidas. Um pouco antes da meia-noite, Humberto achou que estava tarde e era hora de Luciana ir para casa, pois seus pais deveriam estar preocupados. Combinaram o novo encontro e despediram-se, sem vontade.

Do lado de cá da vida, estávamos exultantes. As coisas começavam a engrenar.

Perguntei a Galeno, curioso:

– Você já esperava esse encontro, não é?

Ele sorriu com ar de cumplicidade, esclarecendo:

– Sem dúvida. Pesquisei o prontuário da nossa jovem amiga e descobri dados muito interessantes. Em seguida, contatei outros servidores do Nosso Plano que trabalham na área e descobri esse rapaz, participante de um grupo espírita nas imediações. O resto foi fácil. Montamos um esquema para que se conhecessem. Se não fosse hoje, seria amanhã ou outro dia qualquer. E parece que funcionou!

– Se funcionou?! – exclamou César. – Acho que as coisas vão além do que esperamos!

Galeno assentiu com um gesto de cabeça.

– Quem sabe? A Providência Divina funciona por caminhos inesperados. Luciana vislumbrará uma outra realidade e terá condições de direcionar sua existência em bases mais edificantes. Contudo, dependerá dela utilizar seu livre-arbítrio de forma positiva. O primeiro passo foi dado e a sedimentação das conquistas virá a seu tempo. Humberto irá ajudá-la, com a nossa cooperação, a deixar o vício. Será o amparo de Luciana nas horas difíceis e suprirá, com sua presença, as necessidades afetivas que ela apresenta. Com o tempo, ela poderá estender essa ajuda à família, também tão carente de ideais superiores. Seu irmão Murilo é um colaborador em potencial e, pela amizade com Humberto, irá facilitar o relacionamento com os familiares.

Galeno fez uma pausa e concluiu:

– Uma coisa é certa: Luciana terá a melhor oportunidade de sua vida. Esperamos que aproveite. Vai ser fácil? De modo algum! Os antigos amigos e os traficantes farão pressão, desejando reconquistar a antiga presa. Luciana ainda entrará em crises, que são normais pela dependência que estabeleceu com as drogas. Assim, mesmo que decida abandonar o vício, estará sujeita a recaídas. Contudo, nós, seus amigos espirituais, estaremos atentos, e Jesus, o Amigo Maior, estará conosco suprindo-nos de forças e amparando-a nessa caminhada.

PERANTE O SUICÍDIO

"Por isso vos digo: Pedi, e dar-se-vos-á;
buscai, e achareis; batei, e abrir-se-vos-á.
Pois todo o que pede, recebe; o que busca,
encontra; e a quem bate, abrir-se-lhe-á."

(Lucas, 11:9 e 10)

As novas tarefas prosseguiam, sem que nos descuidássemos das antigas. Continuávamos morando no mesmo lugar – o "Abrigo dos Descamisados" –, junto com os mesmos amigos, acrescidos, porém, de novos que fizéramos nesse grupo de apoio aos suicidas em potencial e dos que chegavam vindos da Terra para engrossar nossas fileiras.

Coordenávamos as nossas tarefas recentes com as do grupo mediúnico das terças-feiras, na Sociedade Espírita Maria de Nazaré[1], adequando as atividades de forma que houvesse o máximo aproveitamento das possibilidades.

[1] Ver livro "Céu Azul", de César Augusto Melero, psicografia de Célia Xavier de Camargo, da Boa Nova Editora e Distribuidora de Livros Espíritas.

Atendíamos casos que já eram conhecidos do grupo, fazendo visitas constantes para manter contato, atentos ao equilíbrio dos assistidos. Não raro, e sempre que surgia a oportunidade, levávamos Espíritos endurecidos e vingativos – cuja ação se resumia em provocar a autodestruição do encarnado –, para serem auxiliados na Casa Espírita. Através da doutrinação fraterna e amiga, os companheiros da equipe material tinham a oportunidade de expor ao comunicante com clareza e objetividade, mas com profundo amor, a necessidade da mudança de atitudes para que ele pudesse atingir a felicidade. Deveria abandonar os projetos de vingança, por desnecessários, visto que o antigo malfeitor fatalmente seria alcançado pela Lei Divina, perfeita e justa. Enfatizava-se, então, que ele, a vítima do passado, já tinha sofrido muito e continuava sofrendo sem necessidade, apegado ao antigo agressor – cuja presença representava-lhe verdadeira tortura –, quando poderia estar privando da companhia dos familiares e amigos, tão caros ao coração.

Víamos, com certa frequência e sob grande emoção, aquele ser desventurado, de aparência desagradável, violento e rude, muitas vezes até na forma torturada de um animal, modificar-se aos nossos olhos à simples lembrança de uma mãe, de um pai, de um irmão, de uma esposa, de um esposo ou de um filho adorado.

– E a sua mãe, meu irmão? Lembra-se dela? Procure recordar-se de como você foi feliz na sua infância...

Saindo de seu monoideísmo, com as imagens evocadas pelo doutrinador, assessorado pelos técnicos da Espiritualidade – que colocam em frente do comunicante uma tela, onde são projetadas cenas de grande beleza, caras ao infeliz obsessor, porque dizem respeito à sua vivência –, a entidade começa a modificar seu padrão vibratório e a direcionar a mente para lembranças felizes. Nesse momento, também recebe as influências do médium, que colabora com sua condição de equilíbrio e algo cede a benefício do comunicante. Aos poucos o Espírito vai modificando seu tônus vibratório, alterando seu perispírito, maleável à força do pensamento e, consequentemente, seu aspecto. Muitas vezes, volta a ser criança, pelo influxo da sua vontade, quando então é recolhido pela mãezinha ou por qualquer outro espírito familiar presente no momento e conduzido a local de refazimento e assistência, de que o plano espiritual é tão pródigo. A cena, de uma beleza indescritível, emociona a todos, encarnados e desencarnados, que participam da reunião.

Nesses casos, grande parte do problema estará resolvido. Com a recuperação do desencarnado obsessor, o encarnado ficará livre para modificar sua vida, melhorar suas condições mentais e se reequilibrar para uma existência sadia e digna. Os débitos contraídos no passado terão que ser saldados, no trabalho e no serviço do bem, para evitar que a dor – a celeste emissária – efetue a cobrança da Lei.

O que percebemos, contudo, é que, de modo geral, a ajuda ao desencarnado é mais efetiva. O companheiro da Espiritualidade tem muito mais facilidade para vencer seus óbices. Salvo casos em que se mostra extremamente pertinaz no erro, ele se recupera, reestruturando-se emocional e espiritualmente à luz do Evangelho do Senhor, e se convence das realidades da Vida Maior e das metas evolutivas que norteiam o ser pensante. Dentro de pouco tempo, estará completamente modificado, passando em muitos casos a ser um colaborador precioso da equipe espiritual.

O mesmo não acontece com o encarnado, infelizmente, que tem maiores dificuldades para vencer os obstáculos. A vida terrena absorve e exige sua atenção; as facilidades e os prazeres o fazem esquecer seus objetivos e ideais, levando-o a pensar somente no mundo material. Mesmo quando entra em contato com a Doutrina dos Espíritos, profundamente esclarecedora e que poderia dar-lhe o respaldo para a compreensão dos fatos e dos sofrimentos que o atingem na vida, bem como a consciência da necessidade do aprimoramento espiritual, ainda assim ele não dá a devida atenção a essa bênção que Deus envia em seu socorro, com o que perde valiosa oportunidade de redenção.

VIVER SEMPRE VALE A PENA

Como consequência desse descaso e atraídos pelas imperfeições que lhe maculam o caráter, outros Espíritos desencarnados se aproximam e se refestelam ante a afinidade existente. Tomam parte na vida do encarnado e o acompanham no dia a dia. Os desafetos do passado – e todos os temos! – se aproximam e se aproveitam das brechas morais do infeliz, criando raízes num assédio ininterrupto. Desse conúbio surgem obsessões de grande porte e de difícil solução, quando bastaria à vítima predispor-se à mudança interior, cultivar pensamentos sadios e exercitar-se no bem, para liberar-se desse ou desses comensais indesejáveis.

E é assim que muitos chegam ao suicídio, incapazes de perceber o crime que cometem contra si mesmos e os danos que provocam em todo o complexo perispiritual. Longos anos de sofrimento e de dor esperam o desventurado Espírito que se lança a destino tão terrível.

Naturalmente, os seus sofrimentos serão proporcionais à consciência de que gozava no momento do ato destrutivo. Quanto maior a consciência, maior a responsabilidade e, consequentemente, maiores suas aflições.

Dessa forma, aquele que comete o suicídio, após um cerco obstinado e cruel de inimigos desencarnados, terá menos responsabilidade do que aquele que o comete por motivo fútil, ou apenas porque está desiludido e não deseja mais viver. Esses casos geralmente ocorrem com pessoas materialistas, que, não acreditando em Deus, na existência do ser imortal e muito menos na vida após a morte, preferem, ante qualquer dificuldade, a saída enganosa pelas portas do suicídio.

Ao chegarem ao Além-Túmulo ficam muito surpresos, quando percebem que continuam vivos e, pior, com seus sofrimentos agravados. Não resolveram seus problemas e ainda acrescentaram outros. A dor moral e o remorso que agora sentem pelo ato praticado são inenarráveis. Com a consciência desperta, reconhecem, embora tardiamente, a existência de um Ser Superior que comanda tudo, e se compenetram do hediondo crime que cometeram contra si mesmos.

Entretanto, nada está perdido, pois terão a oportunidade de expiar suas faltas e de se redimir perante a Lei Divina, candidatando-se a uma vida melhor no futuro, que dependerá do seu esforço e da sua vontade.

Mas muito tempo terá decorrido até que consigam vencer as sequelas e os traumas ocasionados ao seu corpo espiritual, profundamente atingido. Muitos séculos correrão até que se libertem inteiramente do ato suicida.

A mão do Senhor, contudo, jamais deixará de se espalmar sobre a cabeça daqueles que erraram, exercendo sobre eles a Sua Divina Misericórdia, balsamizando suas dores atrozes e amparando-os com desvelado amor.

CONVIVÊNCIA COM O FRACASSO

"– Aqueles que dizem: Senhor! Senhor! Não entrarão no reino dos céus; mas somente entrará aquele que faz a vontade de meu Pai, que está nos céus."

(Mateus, 7:21)

Certo dia, recebemos um chamado urgente. Tratava-se de um rapaz, já conhecido do grupo, que estava sob nossa tutela há algum tempo.

Seu nome era Ezequiel. De família bastante religiosa, do ramo cristão das igrejas reformadas, estava sofrendo sério desequilíbrio mental e emocional em virtude da vida que era obrigado a levar.

Dentro dele coexistiam ideias conflitantes: por um lado, não acreditava nos postulados religiosos que lhe eram impostos; e, no radicalismo com que era obrigado a conviver, percebia muita hipocrisia, com a qual não concordava. Seus pais, apegados à "letra que mata" e não ao "espírito que vivifica", estavam sempre com a Bíblia debaixo do braço e na ponta da língua, mas conservavam o coração longe da vivência evangélica. A atitude era uma em casa; outra, bem diferente, quando estavam na igreja ou com os irmãos de crença. Por outro lado, Ezequiel tinha acurada sensibilidade mediúnica: percebia e ouvia os espíritos que o rodeavam, mas se negava a acreditar na sua existência.

Assim, tinha a nítida impressão de estar enlouquecendo.

Aparentemente, Ezequiel era um rapaz sem problemas. De aparência agradável, sempre bem-vestido, simpático, transitava pela cidade numa caminhonete cabine dupla, de causar inveja a qualquer um. Cercava-se sempre de rapazes e moças alegres, frequentava os clubes, shoppings, lanchonetes da moda ou shows.

Tudo isso escondido da família, bem entendido, porque essas atividades lhe estavam proibidas pela religião. Contudo, na igreja, no horário do culto, lá estava ele todo contrito. Ouvia a pregação do pastor com o pensamento distante, preocupado com o que iria fazer depois. Na verdade, Ezequiel sequer acreditava em Deus, nem meditara algum dia sobre a possibilidade da existência da alma.

Essa vida dupla causava-lhe profundo desgaste de energias. Embora se reconhecesse falso e hipócrita algumas vezes, sua consciência não o acusava de estar cometendo crime algum saindo com os amigos. Afinal, era jovem e gostava de se divertir, queria aproveitar a vida.

Este seria um problema de somenos importância, a que qualquer jovem está sujeito nos dias atuais, não fosse a presença efetiva em sua vida de ferrenhos inimigos desencarnados, que vinham cobrar-lhe débitos antigos. Para isso, utilizavam a sensibilidade mediúnica de que Ezequiel era dotado e tentavam destruí-lo, insuflando-lhe pensamentos perturbadores e negativistas.

Dessa forma, procuravam desenvolver em sua mente a ideia de que não era amado por ninguém – pois os pais estavam sempre brigando com ele –, que estava ficando louco, dominado pelo "demônio", pelas "vozes" que ouvia, e que o melhor que tinha a fazer era se matar. Só assim se libertaria desse suplício e passaria a gozar da paz que tanto desejava.

Chegando à residência, um luxuoso apartamento no centro da cidade, fomos encontrar Ezequiel recolhido em seus aposentos. Entramos. Logo percebemos duas entidades de baixíssima condição que o assediavam, envolvendo-o com sugestões negativas. O rapaz tapava os ouvidos tentando com isso, inutilmente, não ouvir o que lhe era dito.

Penalizados, aguardamos a palavra de Galeno, nosso instrutor.

– Vamos trabalhar no sentido de ajudarmos a todos. Oremos.

Elevando a fronte nobre, Galeno pôs-se em ligação com as Esferas Superiores da Vida e iniciou a aplicação de passe em Ezequiel, visando diluir a carga deletéria que este estava recebendo e que o envolvia por todo o corpo.

Percebendo de alguma forma nossa presença, embora não nos pudessem ver, as entidades vingativas afastaram-se, assustadas. Em poucos minutos, Ezequiel acusava grande melhora. Sua mente estava mais lúcida e reconhecia-se capaz de pensar pela própria cabeça. Terminada a operação, Galeno suspirou, afirmando:

– O problema não é fácil, em virtude da sintonia que existe entre Ezequiel e os desencarnados. Por isso, não podemos simplesmente retirar os atuais agressores daqui. Voltarão na certa, pela afinidade que existe entre eles. Percebem? É como se quiséssemos separar duas pessoas que teimam em ficar juntas. Não são estranhos entre si. É como o ímã, que atrai a limalha de ferro. Existem elos profundos ligando-os uns aos outros.

– Como fazer, então, para ajudar Ezequiel? – indagou Marcelo.

– É necessário estudarmos a situação e as raízes do problema – respondeu Galeno.

Fitando o rapaz que, mais calmo após tanto chorar, havia adormecido, Alberto murmurou:

– O que terá acontecido entre eles? Sabemos que os atuais agressores são as vítimas do passado...

– Sem dúvida, Alberto. Em existência transata, Ezequiel era religioso e fazia parte da Santa Inquisição. Abusando de seus poderes, torturou e matou os atuais obsessores, à época seus amigos, para roubar-lhes as riquezas. Por essa razão se tornaram inimigos ferrenhos dele. Desejam matá-lo para, mais livremente, torturá-lo, como este fez com eles no passado, quando abusou da amizade e da confiança que lhe dispensavam.

– Que horror! – exclamou Urias, completando: – Quem vê cara não vê coração.

– Contudo, através dos séculos, Ezequiel tem procurado se modificar e progredir. Para tanto, solicitou e conseguiu a presente oportunidade, programada cuidadosamente pelos seus Benfeitores Espirituais. Renasceu num lar protestante, porque precisava de educação rígida para não falir novamente, pois tem-se demonstrado sempre amante dos prazeres. Quanto às antigas vítimas, desde então continuam na erraticidade, ainda presas ao ódio e desejando vingança, incapazes de exercitar o divino sentimento do perdão.

Fazendo uma pausa, Galeno concluiu:

– Aproveitemos a ocasião para tomarmos outras providências. Ezequiel dorme. É preciso que repouse em paz para recuperar-se. Vamos. Nada mais temos a fazer aqui no momento.

Decidiu que Alberto e Mônica permaneceriam no local para evitar qualquer contratempo. Antes de sairmos, recomendou:

– Fiquem atentos. Se houver qualquer mudança no quadro, avisem.

Despedimo-nos dos companheiros que ficaram em vigilância, retornando ao nosso posto, para estudarmos as diretrizes a serem tomadas.

A oração intercessória partira de uma jovem, Elisa, amiga de Ezequiel, e que era ligada a Céu Azul, de onde partira há dezoito anos para nova existência. Preocupada com o amigo e colega de escola, dotada de nobres valores morais e conservando profunda vinculação com a Espiritualidade, Elisa pedira o amparo de Deus, e os Amigos do Além apressaram-se a atendê-la.

Era em torno dela que assentaríamos a nossa ação socorrista, visto ser a única pessoa encarnada com possibilidades de ajudar Ezequiel.

Por alguns dias tudo correu normal. Ezequiel estava bem, voltou a frequentar a escola, que havia abandonado, e os inimigos mantinham-se à distância.

Quatro dias depois, recebemos comunicado urgente de Alberto e Mônica. A situação piorara de forma drástica.

Imediatamente deslocamo-nos para lá. Ezequiel, tresloucado, só pensava em cometer suicídio, numa ideia fixa e alienante.

– Como aconteceu isso? – indagou Galeno, preocupado.

Os nossos companheiros explicaram:

– Após uma briga com os pais, Ezequiel voltou a agasalhar pensamentos depressivos, voltando à bebida e dessa forma atraindo os antigos inimigos, que novamente estão a cavaleiro da situação.

– O que vocês fizeram?

– Tentamos de tudo, mas nada funcionou. Ezequiel se compraz com os maus pensamentos!

– Chamaram Elisa?

– Sim. Infelizmente, precisou viajar e não está na cidade no momento.

Percebendo a gravidade da situação, Galeno tomou as providências cabíveis ao caso.

Ezequiel, desarvorado, com o instinto de conservação aguçado, inconscientemente tentava conseguir ajuda de todo jeito, assessorado por nossa equipe. Procurou a mãe, mas ela não tinha tempo para conversar com ele.

– Tenha paciência, meu filho. Agora não posso conversar com você. Estou programando uma festa para a igreja e tenho muitas providências a tomar.

Telefonou para o pai. No entanto, preocupado com os negócios e ansioso a esperar um telefonema do banco, ele ordenou:

– Desligue o telefone, Ezequiel, preciso da linha desocupada, pois estou aguardando uma ligação importantíssima e não posso conversar com você agora. Conversaremos na hora do jantar, está bem?

Buscou os amigos, mas não encontrou ninguém. De repente, todo mundo tinha sumido. Lembrou-se de Elisa, em quem confiava, mas a amiga estava viajando e a empregada da casa não soube dar maiores informações ou mesmo o telefone onde ela pudesse ser encontrada.

A mente confusa, sem saber direito o que estava fazendo, pegou a caminhonete e pôs-se na estrada. Havia ingerido alcoólicos em demasia e fumado maconha. A velocidade era excessiva, e nós o acompanhávamos, tentando fazê-lo parar. Ao lado dele, como que colados, estavam também os inimigos espirituais que riam desvairadamente, também alcoolizados. Nessa altura, o desventurado rapaz não tinha mais condições de atender às nossas sugestões.

De repente, de forma brusca e fatal, sem que pudéssemos evitar, Ezequiel jogou a caminhonete sobre um caminhão que trafegava em sentido contrário. O motorista da carreta, assustado, vendo o veículo que vinha em sua direção em alta velocidade, tentou desviar, mas não conseguiu, chocando-se com a caminhonete dirigida por Ezequiel.

Foi horrível! Tudo aconteceu em questão de segundos. As entidades vingativas, covardes como são geralmente nesses casos, fugiram, agora assustadas com o desfecho da ação que tinham provocado.

Assistíamos a tudo, incapazes de acreditar no que estava acontecendo. Ezequiel, arremessado violentamente para fora do corpo havia desencarnado.

Logo, a ambulância chegou para socorrer os acidentados, levando o caminhoneiro, ainda com vida, para o hospital mais próximo.

Em nosso grupo grassava um terrível sentimento de inutilidade e de impotência. Calados, perdêramos o desejo de conversar, de brincar.

Galeno, percebendo o que nos ia no íntimo, considerou:

– Infelizmente, meus amigos, essas coisas acontecem e temos que aprender a conviver com isso. Não apenas a conviver com os sucessos, mas também com os insucessos. Não se sintam fracassados na tarefa que receberam. Estamos lidando com situações complexas e que muitas vezes fogem ao nosso controle. Ezequiel teimava em conservar-se à distância do nosso convívio, preferindo a companhia dos antigos amigos, agora arvorados em algozes. Quanto a esses, tentamos fazer com que mudassem de atitude, mas também para eles ainda não tinha chegado a hora. Cada um de nós colhe o que plantou. Os obsessores tiveram acrescidos seus compromissos para com a Lei, assim como Ezequiel, conquanto sua responsabilidade seja menor, em virtude da obsessão pertinaz que vinha sofrendo. Contudo, teria todas as condições para vencer, se aceitasse a nossa ajuda e modificasse seu comportamento.

Fazendo uma pausa, Galeno concluiu:

De qualquer forma, todas as experiências são válidas e trazem profundos ensinamentos. Vejam a importância de se desenvolver o sentimento de religiosidade que o nosso jovem amigo não tinha. Dar-lhe-ia o embasamento necessário para desenvolver íntimos valores morais, que o colocariam a salvo de situações dessa natureza. Bastaria que Ezequiel tivesse aprendido a orar, elevando o pensamento a Deus com o coração, para afastar os inimigos e para que tivéssemos condições de assisti-lo. Com certeza o epílogo dessa história teria sido diferente. Entretanto, Ezequiel não ficará desamparado. Deus é Pai de amor e misericórdia infinitos. Vocês terão condição de ajudá-lo, quando for possível. E também aos infelizes companheiros espirituais.

Nesse instante, chegava a família, desesperada, e alguém que a tudo presenciara, comentou:

– O rapaz queria se matar, tenho certeza, pois jogou o veículo sobre o caminhão!

Os familiares, naquela hora de profunda dor, incapazes de compreender o que acontecera, retrucaram, firmes e orgulhosos:

– De jeito nenhum! Impossível! Nosso filho não tinha problemas! Ele era criatura de Deus, tinha Jesus no coração. Excelente rapaz, benquisto por todos, jamais nos deu qualquer desgosto. Não, ele não tinha razões para querer se matar!

Galeno deu uma ordem, e servidores do nosso plano ali presentes levaram Ezequiel, agora em Espírito, para local de resgate em que ficaria a salvo de bandoleiros do Além, sempre comuns nessas circunstâncias, espíritos embrutecidos e ainda muito materializados que costumam se locupletar das emanações do fluído vital que se exala dos despojos carnais.

Era só o que poderíamos fazer por ele nesse momento. Teria o infeliz rapaz muita dor e muito sofrimento pela frente, lamentando e arrependendo-se profundamente do ato insano que cometera.

Como se estivéssemos carregando um peso enorme nas costas, deixamos o local em busca do nosso refúgio de paz na Espiritualidade, a nossa cidade Céu Azul.

Conviver com o fracasso não é nada fácil.

O VALOR DAS PEQUENAS COISAS

*"Bem-aventurados os que
choram porque serão consolados."*

(Mateus, 5:4)

A experiência que tivemos com Ezequiel nos deixou marcas profundas. No início, nos sentíamos culpados pelo fracasso da ação socorrista. Orávamos sempre por ele e por seus desditosos inimigos. Galeno nos alertava para o perigo de cultivarmos esse tipo de sentimento de culpa, que poderia até mesmo frustrar todo o nosso trabalho.

Recordávamos de todas as pessoas que já havíamos conseguido recuperar, e isso era como um refrigério para as nossas mentes. Mas, sempre que nos lembrávamos de Ezequiel, sentíamos um misto de piedade e melancolia, aliado à sensação incômoda do "se tivéssemos feito isso ou aquilo poderia ter

| 59

sido diferente". Até o dia em que César Augusto colocou um ponto- final no assunto com seu jeito brincalhão:

– Bola pra frente, minha gente! Já pensaram? Se todas as atividades socorristas executadas pelas equipes espirituais fossem bem-sucedidas, viveríamos num paraíso! Não existiriam mais abortos, assassinatos, suicídios, sequestros e demais crimes. Estaria estabelecida em definitivo a paz sobre a face da Terra!

Fez uma pausa e concluiu, com gesto expressivo:

– Seria uma chatice! Além disso, estaríamos desempregados!

Foi uma risada só.

Ele estava brincando, naturalmente, mas nós entendemos o espírito da coisa. César tinha razão. Quando atuamos em equipes socorristas, precisamos nos conscientizar de que é uma "tentativa" de ajuda, que se pode concretizar ou não, em virtude das variáveis que entram na composição do problema e das condições existentes no momento.

E funcionou mesmo! A partir daquele dia, esquecemos o assunto que tanto nos vinha incomodando. Orávamos sempre pelo infeliz Ezequiel, procurando envolvê-lo em nossas vibrações carinhosas e fraternas, e suplicávamos ao Mestre Maior que balsamizasse os seus padecimentos, ajudando-o a compreender a nova situação que estava vivendo.

Além do mais, o tempo não parou e continuamos tendo que executar nossas tarefas, que não eram poucas.

Por outro lado, nos emocionávamos às vezes ao verificar que, com pouco, conseguíamos resultados excelentes.

Foi assim no caso do Nicanor.

Então, mais habilitados, trabalhávamos em duplas. A quantidade de pedidos de socorro era imensa e precisávamos nos desdobrar para atender a todos. Galeno supervisionava os pequenos grupos, orientava nos casos mais graves e dava assistência, quando ficávamos em dúvida quanto à atitude a ser tomada.

Nesse dia, Virgínia e eu estávamos de plantão. Recebemos um chamado urgente e, com a rapidez que a ação exigia, deslocamo-nos até o local.

O pedido insistente de socorro tinha origem em uma favela de periferia – das mais pobres que eu já vira – de uma grande cidade do sul do Brasil. Um rapazinho mulato, raquítico e sujo, estava sentado na sarjeta. A rua apresentava estado lastimável, sem asfalto ou calçamento, saneamento básico ou quaisquer benfeitorias. Água fétida corria por uma pequena valeta aberta no solo em plena rua e o lixo acumulava-se em montículos, aqui e ali. Um cheiro acre de restos de alimentos apodrecidos e de excrementos invadiu nossa sensibilidade.

Observamos as condições ambientais num rápido passar de olhos, porque a nossa preocupação era com o rapazinho que ali estava sozinho e triste.

Com a cabeça entre as mãos, Nicanor fazia um retrospecto da sua tão curta existência, de sofrimento e miséria. Acompanhávamos seus pensamentos com profunda piedade: lembrava-se do dia em que perdera a mãe, vitimada por um tiro, sabe-se lá de onde. Pai, nem pensar! Nunca o tinha conhecido e chegava até a supor que não tivesse um. A mãe sempre desconversava, quando ele tocava no assunto; com o tempo, parou de perguntar. Então, viera morar com uma tia, Elvira, que não era má pessoa, mas se havia juntado com um homem, Sebastião, a quem era submissa. Ela tinha medo do amásio, que a espancava constantemente por qualquer motivo ou mesmo sem nenhum. Quando Nicanor veio morar com a tia, após a morte da mãezinha, passou também a sofrer agressões e violências de todo tipo.

Não conseguira estudar, que era o que mais desejava. Agora era obrigado a mendigar e, quando não conseguia levar uma quantia razoável para o barraco, após um dia inteiro nas ruas, além de não receber sua cota de comida, como castigo, ainda levava uma surra, com uma tira de couro, do violento "tio" Sebastião. Só de se lembrar da tira de couro, Nicanor estremecia de medo.

Com profunda compaixão, acompanhávamos seus pensamentos, enquanto ele prosseguia nas suas lembranças, sem saber que tinha dois atentos ouvintes.

"Não tenho amigos ou quem se interesse por mim. Vivo sempre só e sem ter com quem conversar. Hoje estou completando quinze anos, mas ninguém se lembrou de me cumprimentar, desejando-me felicidades e muitos anos de vida, como vejo sempre outras pessoas fazendo quando existe um aniversariante. Gostaria muito de ganhar um presente, por pequeno que fosse. Mas isso nem seria o principal. Não! Bastaria que alguém se lembrasse de mim, se preocupasse comigo."

As lágrimas escorriam, lavando-lhe o rosto, espremido entre as mãos.

Assim, triste e deprimido, chegara ao limite das suas forças. A tia havia saído com o companheiro para passear. Não o tinham convidado, embora apreciasse muito acompanhá-los. Elvira e Sebastião iam a um parque de diversões, e Nicanor sempre sonhara em andar num daqueles brinquedos.

Ele tomara uma decisão há algumas horas. Não queria mais viver. Não desse jeito. Assim, esperou o casal sair e preparou um veneno que tinham em casa. (Sebastião fazia às vezes serviço de jardinagem e usava o produto para matar formigas). Preparava-se para ingerir a bebida mortal, quando resolveu dar mais um tempo, inconscientemente, atendendo à súplica da aflita mãezinha desencarnada.

Fora dela o pedido de socorro que tínhamos recebido. Sem condições espirituais de ajudar o filho, suplicara ajuda a Nossa Senhora da Conceição, de quem era devota, súplica essa que fora captada pelos nossos sensores. Como qualquer rogativa é analisada e atendida, se justa, não importando a quem foi dirigida, ali estávamos nós para prestar o auxílio que o caso exigia.

Torcendo as mãos, desesperada, a mãe chorava ali perto. Virgínia aproximou-se dela e acalmou-a dizendo:

– Não se preocupe, minha irmã, Jesus nos ajudará. Fique tranquila e faça uma oração.

Aproximamo-nos do rapaz, tentando falar com ele, mas Nicanor estava impossibilitado de nos ouvir as sugestões mentais. Concentrava-se na ação que iria executar logo mais. Víamos seu pensamento, ao qual se sobrepunha sempre a imagem do copo de veneno.

Aplicamos-lhe um passe, procurando livrá-lo das energias desequilibrantes que se acumulavam a seu redor, em virtude do teor altamente negativo dos pensamentos que vinha nutrindo e que iriam comprometer até seu organismo material se não fosse tomada uma providência urgente. Ao mesmo tempo, sabíamos que era preciso encontrar algo, no mundo corpóreo, que o interessasse e que desviasse sua atenção da decisão que tinha tomado.

Olhamos ao redor. Naquele domingo de sol abrasador, não havia ninguém por ali. As pessoas ou tinham saído, procurando lugar mais fresco, ou estavam enfurnadas dentro de casa, assistindo a uma partida de futebol.

Nesse momento, vimos um gatinho que caminhava pela rua deserta. Logo atrás, percebemos um cão sarnento que arreganhou os dentes ao vê-lo, fazendo com que o animalzinho se arrepiasse de medo. Naquela hora, lembramo-nos das carências afetivas do rapaz e resolvemos começar por ali. Fizemos com que ele levantasse a cabeça por um momento. Passeou o olhar cansado pela rua deserta e percebeu o gatinho que corria sério perigo. Bem próximos de Nicanor, sopramos em seus ouvidos pensamentos de socorro ao pobre gatinho.

Nicanor fitou o bichinho – pelo ouriçado, magro e desprotegido como ele mesmo –, que miava de fazer pena, e algo dentro dele despertou, talvez em virtude das nossas sugestões. Intimamente identificava-se com o pobrezinho. Levantou-se de um salto, correu gritando e expulsou o cão, que fugiu amedrontado. Nicanor pegou o gatinho nos braços, passou a mão pelo seu pelo ralo, enquanto um desejo imenso de protegê-lo tomava conta do seu coração. Com carinho carregou-o para dentro do barraco, dirigindo-lhe palavras ternas:

– Coitadinho! Você também está sozinho! Com certeza é órfão como eu. Deve estar faminto. Não se preocupe, vou dar-lhe um pratinho de leite. Vamos, não precisa mais ter medo.

Aquele cachorro sarnento não lhe fará mal algum porque não vou deixar. De hoje em diante cuidarei de você.

Acompanhamos a cena sorridentes e aliviados e ficamos observando com que delicadeza ele cuidava do bichinho.

Mais tarde ainda estávamos lá, vigilantes, quando o casal chegou do passeio. Elvira e Sebastião entraram cambaleando, apoiados um no outro, enquanto forte cheiro de bebida e de cigarro inundava o ambiente. A tia viu o copo em cima do armário, ainda cheio, e perguntou com voz pastosa:

– O que é isso, Nicanor?

Só então ele se lembrou do veneno que tinha preparado e que ficara esquecido sobre o móvel. Agarrou o copo antes que a tia o fizesse e jogou seu conteúdo no quintal, explicando:

– Não é nada, não, tia Elvira. Foi um suco que eu fiz, mas ficou tão ruim que não consegui tomar.

Virgínia e eu nos entreolhamos e rimos satisfeitos, com uma gostosa sensação de dever cumprido. Graças a Deus não havia mais perigo. Pelo menos por enquanto.

Nos dias seguintes, desdobramo-nos para dar a Nicanor melhores condições de vida. Assim, conhecendo seu trajeto na mendicância, o ponto onde costumava ficar, fizemos que passasse por ele uma pessoa amiga, uma senhora de grande intuição, que lhe perguntou, assessorada por nós:

– Você não estuda?

– Infelizmente, não, senhora. Só peço esmolas na rua.

A expressão do rapazinho denotava de tal maneira o desgosto que lhe ia na alma, que não passou despercebido à gentil senhora.

– Gostaria de trabalhar? – indagou ela.

– Ah! Gostaria muito. Não pense a senhora que sou preguiçoso. Só peço esmolas, porque sou obrigado pelo meu tio. Se não consigo dinheiro, ele me bate com uma tira de couro. Tenho o corpo todo marcado. A senhora quer ver?

Assim falando, Nicanor levantou a camiseta, expondo as costas nuas marcadas de cicatrizes, algumas das quais bem recentes.

– Que horror! Quantos anos você tem?

– Quinze anos, senhora. Ninguém acredita, porque sou pequeno e raquítico; todos pensam que tenho dez ou onze anos. Dizem que é de passar fome.

Cheia de compaixão, a generosa senhora, que trabalhava num centro espírita ali perto, admirou-se da dignidade e das respostas francas do rapaz. Tirou um cartão da bolsa e o entregou a ele, explicando:

– Vá a este endereço. Meu marido sempre está precisando de algum ajudante na loja. Apresente-se a ele e diga que fui eu que o mandei lá. Meu nome é Rosa.

Nicanor abriu um sorriso de orelha a orelha. Jamais se sentira tão bem em sua vida. Tomou a mão da senhora e depositou nela um beijo, enquanto dizia:

– Foi Deus quem colocou a senhora no meu caminho!

Nós o abraçamos satisfeitos, envolvendo também a nossa amiga espírita, cheios de gratidão.

Sentindo nossa presença, Nicanor e sua benfeitora estavam igualmente emocionados.

As coisas estavam se encaminhando como tínhamos planejado e tudo corria às mil maravilhas. A mãe de nosso amigo, apesar de bem-intencionada, ainda não tinha condições de ajudar o filho como desejaria. Conversamos com ela e a convencemos a esperar. Voltaria conosco para Céu Azul e procuraria se recuperar. Ficaria algum tempo se preparando e adquirindo o conhecimento necessário para poder trabalhar e ajudar com acerto, não apenas o filho, mas a todas as pessoas necessitadas. Ela concordou prontamente, compreendendo que graças ao concurso da nossa equipe, com as bençãos de Deus, é que Nicanor estava ainda encarnado e bem.

O que não se consegue com um pouco de amor e carinho!...

ORAÇÃO INTERCESSÓRIA

*"Deixai vir a mim as criancinhas, e não
as impeçais, porque o reino dos céus é para
aqueles que se lhes assemelham."*

(Marcos, 10:14)

Uma tarde fomos informados de que deveríamos nos dirigir até determinado endereço, onde nossa presença estava sendo solicitada.

O destino era uma cidade do interior do Estado de São Paulo. Rapidamente nos deslocamos para lá, encontrando o endereço sem grande dificuldade.

Entramos. O prédio, de dez andares, no meio de um jardim, era belo e luxuoso. Ao chegarmos ao apartamento, fomos recebidos por um servidor do nosso plano, que nos abriu a porta cumprimentando, gentil:

– Sejam bem-vindos! Meu nome é Armando. Nós os aguardávamos com ansiedade. Estou aqui de sentinela, mas a situação está quase incontrolável. Temo que não possamos evitar um desenlace brusco, se não forem tomadas medidas urgentes.

Percebemos imediatamente que era um espírito cheio de boa vontade, desejoso de ajudar, mas com poucas condições para isso.

Após as apresentações, Marcelo indagou:

– Foi você quem pediu ajuda?

Sorrindo, Armando convidou:

– Não. Venham comigo. Vou levá-los até a pessoa que provocou a vinda de vocês através do pedido de socorro.

Acompanhando o novo amigo, atravessamos a sala e nos dirigimos para o corredor, por onde caminhamos até quase o seu final, quando Armando parou diante de uma das portas.

Entramos. A porta dava acesso a um quarto de dormir. No aposento, decorado graciosamente em tons rosa, uma garotinha de cinco anos brincava no tapete. Em torno dela viam-se bonecas, bichos de pelúcia e caixas de jogos.

Marcelo, César e eu olhamos surpresos para Armando, que informou:

– Sim! O pedido de socorro partiu da pequena Marisa, esta menina que aí está.

Entreolhamo-nos sorrindo. Armando fez uma pausa e completou:

– Observem por alguns minutos e entenderão.

Sentamo-nos no leito e ficamos aguardando. Marisa, apesar de estar rodeada de brinquedos belos e caros, não se mostrava muito interessada neles.

Seu rostinho denotava preocupação e tristeza. Seus pensamentos formavam imagens em que a figura paterna surgia com mais intensidade. Ora o pai estava bravo, ora triste, ora preocupado com os negócios. Uma cena, no entanto, aparecia mais amiúde na tela da sua memória. Naquela manhã, Marisa surpreendera uma conversa entre o pai e a mãe durante o café, em que ele afirmava:

– Tudo está perdido. Ficaremos na miséria.

– Mas, o que houve? Tudo parecia ir tão bem! – dizia a mãe, aflita.

Passando a mão nos cabelos, o homem meneava a cabeça:

– Não sei. É a situação econômica do país que vai de mal a pior. É essa inflação que destrói num dia o que fizemos na véspera. Os juros estão muito altos e o banco não terá contemplação. O gerente ameaça executar a dívida, se o montante não for pago dentro de três dias.

Abraçando o marido, a esposa exclamou:

– O que vai ser de nós, meu Deus! Como iremos enfrentar a sociedade, os amigos? Você, que é sempre tão prático, tão criativo, invente alguma coisa, Valter!

Com a entrada da filha na sala, mudaram de assunto, demonstrando uma serenidade que estavam longe de sentir.

Marisa, porém, tinha ouvido tudo da porta sem que os pais dessem pela sua presença. Não lhe passou despercebido o clima de preocupação, e seu coraçãozinho ficou angustiado. Apesar de não ter entendido direito as palavras, percebeu que o assunto era muito grave. Assim, passou a pedir a Jesus que ajudasse seu pai. Agora mesmo, ajoelhada ao lado da cama, sem saber que estávamos ouvindo suas preces, ela dizia:

– Querido Jesus, eu sei que você gosta de todo mundo e que sempre ajuda a quem precisa. Pelo menos, é o que a mamãe sempre me ensinou. Assim, eu suplico, Jesus, socorra meu papaizinho que está tão preocupado. Seus negócios não vão bem e não gosto de vê-lo triste e calado. Prometo ser uma menina boazinha e não fazer nenhuma arte, se você atender ao meu pedido. Por favor, Jesus, ajude-me.

A prece simples e sincera da menina nos emocionou profundamente. Marisa pôs-se a chorar e, daí a alguns minutos, ela recomeçou a orar, de mãos postas, repetindo sua rogativa.

Armando, com os olhos úmidos, disse:

– Compreendem agora? A pequena Marisa tem bombardeado tanto a Espiritualidade com suas súplicas que encontrou ressonância.

– Quais suas vinculações com a família? Percebo que o problema deles o toca profundamente! – indagou César.

– Sim, tem razão. Fui empregado de Valter e desencarnei há pouco mais de um ano. Eu o estimo bastante, mas, como podem ver, meus recursos são bastante limitados. Na verdade, eu também estou necessitado de amparo.

Sensibilizados, procuramos maiores informações.

– E a situação é tão grave quanto parece? – perguntei.

– Sim. Muito grave. Verifiquem por si mesmos.

Antes de sair do quarto, envolvemos a pequena Marisa em vibrações de paz e serenidade, aplicando-lhe energias através do passe, de forma que ela pudesse repousar um pouco, pois percebíamos que estava esgotada.

– Não se preocupe, amiguinha, suas preces foram ouvidas e Jesus vai nos socorrer. Fique tranquila.

Após o passe reconfortante, a garotinha aquietou-se e dormiu. Deixamos o aposento e nos dirigimos para outro cômodo da casa, onde ficava o escritório.

Cabeça entre as mãos, o dono estava entregue a seus pensamentos. Percebemos que estava no limite de suas forças. A pressão estava sendo demasiada e Valter agasalhava ideias de suicídio.

Repetia insistentemente para si mesmo:

– Não suportarei a falência. O desprezo dos amigos, a miséria, a chacota dos adversários, a satisfação dos concorrentes. Não, não suportarei ver a minha família passando necessidade. Preferível a morte. Assim, minha filha e Odete irão morar com meus sogros e estarão em segurança. Em outra cidade, outro ambiente, começarão vida nova e logo terão esquecido o fracassado que fui. Minha esposa apela para meu espírito prático. Pois essa é a atitude mais prática e lógica que consigo imaginar. Não vejo outra saída. A morte é a única solução digna.

Víamos que estava decidido. Na gaveta da secretária existia um revólver calibre 38 e balas. Bastava abrir a gaveta e tudo estaria perdido. A situação era dramática. Precisávamos pensar rápido. Indagamos do atencioso Armando sobre algo que pudesse servir de ponto de apoio naquela emergência.

– Valter tem amigos?

– Seus amigos são os que encontram em reuniões sociais e com os quais não tem muita ligação fora dos negócios.

– Parentes?

– Moram longe, no Mato Grosso, e não me consta que exista afinidade com qualquer deles.

– Tem interesse especial por algum assunto?

– Sim. Por dinheiro!

– Não é possível! – disse César. – Ele deve ter algum outro interesse, outro sentimento...

– Certamente. Pela filha Marisa, por quem tem adoração.

Estudamos o assunto e chegamos à conclusão de que era imprescindível chamar Galeno. Precisávamos de ajuda.

Não demorou muito e nosso orientador fez-se presente, atendendo ao chamado. Tínhamos bolado uma estratégia e, após informar Galeno sobre o andamento do caso, expusemos a ele nossa ideia. O instrutor ouvia com fisionomia serena e compreendemos que ele não ignorava os detalhes do problema. Apenas nos concedia a chance de tomarmos nossas próprias decisões. Ao terminarmos, ele pensou um pouco e concordou:

– Muito bem. Pensaram com acerto e criatividade. Vamos trabalhar!

Não demorou muito e um grito estridente ecoou pelo apartamento. Era a criada. Todos na casa correram para ver o que estava acontecendo. A mãe deixou seus aposentos e o pai o escritório, assustados.

No corredor, a moça, descontrolada, explicava em choro convulsivo:

– Socorro! Acudam! Fui até o quarto de Marisa levar-lhe um lanche e a encontrei caída no chão, como morta.

Imediatamente o pai voou até o quarto, tomou a menina nos braços e correu para o elevador, enquanto a mãe apanhava as chaves do carro.

VIVER SEMPRE VALE A PENA

Com a máxima agilidade possível, não demorou muito estavam no hospital. O médico, avisado pela babá, já estava a postos. Examinou a criança, que continuava desacordada, e achou melhor deixá-la internada para observação. Não tinha febre nem quaisquer sinais exteriores que indicassem sintoma de algum problema orgânico. Solicitou exames clínicos, radiografias e ultrassonografia, com urgência.

Apavorados, os pais não sabiam o que pensar, pois a filha sempre gozara de excelente saúde.

Na penumbra do quarto, abraçados, enquanto aguardavam o resultado dos exames, os pais fitavam a menina, menor ainda no grande leito hospitalar. A enfermeira tivera dificuldade em pegar-lhe a veia para colocar o soro, o que causara maior sofrimento ao casal, que a tudo observava atentamente.

Naqueles momentos de angustiosa espera, os cônjuges sentiram-se mais próximos um do outro em silêncio, o que não acontecia há mais de ano. Unidos pelo amor à filha. Afinal, Odete murmurou em voz baixa:

— Por que, meu Deus? Por que nossa pequena Marisa, que nunca fez mal a ninguém? Ela é boa, gentil, amorosa. Todos a estimam.

Valter, que meditara sobre tudo o que estava acontecendo, considerou com justeza:

— Creio que o Senhor quis nos mostrar alguma coisa com esse fato, fazendo com que pudéssemos valorizar melhor o que possuímos, as coisas que realmente importam na nossa vida.

— Acha mesmo isso?

— Tenho certeza. Durante essas horas de espera e de incertezas, Odete, pude analisar melhor nossa vida, o que está acontecendo conosco. Que importam os bens materiais, os negócios, as riquezas que conseguimos, se perdermos nossa filha, o tesouro maior de nossa existência?

A mãe olhou o corpinho estendido no leito e concordou, em lágrimas:

— É verdade, querido. Nada terá valor. Nada terá importância. Tudo o que quero é ter Marisinha de volta aos meus braços, sã e feliz ao nosso lado.

Naquele momento, Valter se lembrou das ideias que acalentara poucas horas antes, envergonhado. Planejara fugir da luta pela porta do suicídio, sem pensar o quanto estaria ferindo aos seus familiares e a si mesmo. Especialmente seus entes queridos.

Odete também fazia um balanço das suas ações até aquela data, pensando o quanto tinha se preocupado com futilidades, festas, roupas, passeios, chás com as amigas. Tudo isso agora carecia de significado, parecendo-lhe sem sentido e sem valor. Na verdade, pouca atenção dera à filhinha até esse dia. Deixava-a aos cuidados da babá, enquanto se preocupava apenas com a vida em sociedade, os prazeres, as festas, as viagens.

Assim, trocando ideias, Valter e Odete chegaram a importantes conclusões. Pautariam suas vidas, desse dia em diante, sobre valores novos, procurando dar mais atenção ao lar, especialmente à filha. Construiriam uma nova existência, mais simples e sem os excessos a que estavam acostumados, como tinha sido o início do casamento. Que importavam os bens? Começariam do nada se preciso fosse, com coragem e com determinação, mas rogavam a Deus lhes permitisse continuarem juntos, os três, formando realmente uma família.

Do nosso lado, estávamos exultantes. A terapia de emergência dera resultado e agradecemos a Jesus por isso. O mal-estar súbito e sem maiores consequências que provocáramos na pequena e adorável criança alcançara o objetivo esperado, isto é, fazer com que Valter percebesse que existem prejuízos maiores do que a perda dos bens materiais.

A pequena Marisa, nossa colaboradora, após mais de trinta horas, despertou bem-disposta, como quem acorda após uma noite tranquila, e alimentou-se regularmente. Permaneceu no hospital mais três dias, a instâncias do médico, para observação, conquanto não tivesse apresentado mais o sintoma de perda dos sentidos. Os exames clínicos – todos eles! – deram resultado negativo, atestando que nada havia de anormal em seu organismo.

Antes de a menina receber alta e deixar o hospital junto com seus pais, o médico, um tanto confuso com o fato que não sabia como explicar, ainda alertou:

– Está tudo bem com Marisa, mas nunca se sabe. Fiquem atentos e, qualquer novidade, me comuniquem.

Retornando para o lar, a família estava feliz. Tudo era alegria e paz após a tempestade.

Valter enfrentou seus problemas financeiros com outra disposição de ânimo. Ajudado por nós, seus amigos espirituais, as coisas começaram a entrar nos eixos.

O gerente do banco deu-lhe prazo maior, ao saber da doença da filha, fazendo um reescalonamento da dívida. Um mês depois, um grupo econômico interessado em investir na cidade fez uma oferta de compra da empresa. Como Valter não aceitasse de pronto, indeciso, e pedisse tempo para pensar, os investidores mudaram de tática. Como estivessem realmente muito interessados na empresa e vislumbraram para ela grandes possibilidades de crescimento, eles propuseram-lhe sociedade, o que era bastante vantajoso para o proprietário.

Assim, tudo se encaminhava para melhor. O casal, católico por tradição, em vista dos problemas que atravessaram, ligaram-se mais ao lado espiritual da vida, elevando os pensamentos em oração sincera e fervorosa a Deus, em agradecimento ao desfecho feliz.

E, quando alguém perguntava à pequena Marisa o que tinha sentido durante aquele período da sua enfermidade, ela respondia sorridente:

– Mas eu não estava doente, nem sentia dor. Só dormia! E durante o sono eu via meu "outro corpo" na cama do hospital, dormindo. Mas "eu" estava acordada e vendo tudo. Até fiz amizade com uns rapazes muito simpáticos que estavam no quarto!

– Ah! É verdade?! ... Sabe o nome deles? – perguntava alguém.

– Claro! Eram três: Marcelo, César Augusto e Eduardo!

Os pais e amigos, perplexos, não sabiam o que pensar sobre o assunto, julgando que a criança estivesse mentindo. Contudo,

Marisa contava sempre a mesma história, com riqueza de detalhes, dava o nome dos novos amigos para quem quisesse saber e relatava o que conversara com eles. Narrava uma visita que fizera com os três rapazes a um lugar muito bonito, num "outro mundo", onde conhecera muitas crianças simpáticas e agradáveis. Descrevia também o que sentira quando a enfermeira viera colocar o soro e a dificuldade que tivera para pegar a veia; ficara tão triste vendo os pais chorando, que até tentara consolá-los, mas eles não podiam ouvi-la.

– Sabem de uma coisa? O que mais gostei de ouvir vocês dizerem que, daquele dia em diante, iriam dar mais atenção a mim! – concluía a garota, sorridente e feliz.

Como a filha poderia saber daquilo que eles tinham conversado, se estavam sozinhos no quarto do hospital e o médico afirmara que Marisa estava totalmente inconsciente e incapaz de perceber qualquer coisa? Como poderia saber da dificuldade da enfermeira para encontrar a veia?!...

Os pais de Marisa começaram a meditar sobre tudo o que a filhinha afirmava e aos poucos iam acreditando nas suas palavras. Mesmo porque, comentando com outras pessoas, ficaram sabendo que tudo isso poderia realmente ter acontecido.

Dentro de pouco tempo, estavam procurando avidamente informações sobre o palpitante tema da existência do mundo espiritual e de suas relações com o plano físico. Com isso, aumentaram seus conhecimentos e ampliaram a visão sobre assuntos transcendentais.

Satisfeitos, retornamos para nossa cidade de Céu Azul, conscientes das nossas responsabilidades e com sentimento interior de plenitude, pelo dever retamente cumprido.

Graças à Misericórdia Divina, mais alguém tinha sido salvo do suicídio, e só isso já valia todo o esforço que empreendêramos.

VIVER SEMPRE VALE A PENA

TOMADA DE CONSCIÊNCIA

*"Entrai pela porta estreita, pois que larga é a
porta e espaçoso o caminho que leva à perdição,
e muitos são os que entram por ela; porque estreita
é a porta, e apertado o caminho que conduz à
vida, e poucos os que acertam com ele."*

(Mateus, 7:13)

Não pensem que todo o nosso tempo é gasto só com trabalho. Não! Também nos divertimos bastante. Claro que é uma maneira diferente de diversão, mais sadia e mais pura.

Temos uma vida social intensa. Fazemos visitas a outros departamentos da nossa cidade com o objetivo de estudo, excursões a outros lugares, colônias similares à nossa, onde temos sempre muito o que aprender. Passeamos, ouvimos música na praça, namoramos, visitamos os amigos, assistimos a projeção de filmes ou, simplesmente, nos reunimos para conversar, trocando ideias e experiências. É fascinante! É todo um mundo novo que se desdobra à nossa frente. Cada um de nós tem fatos interessantes para contar. Emocionantes uns, engraçados outros. Sempre, porém, com profundo conteúdo para reflexão e aprendizado, porque, aqui na Espiritualidade, devemos estar atentos e vigilantes para que a conversação seja sempre edificante, nunca resvalando para assuntos fúteis ou de teor negativo.

Nossas relações são tão boas que, mesmo quando estamos em serviço, não sentimos peso ou mal-estar. Trabalhamos num clima leve, simpático e agradável.

Naturalmente existem os momentos de tensão, em que se exige o máximo de nossas possibilidades, momentos em que sentimos o peso da responsabilidade sobre nossos frágeis ombros. Mas, ainda assim, a coesão do grupo, a união de pensamentos e de propósitos e as vibrações harmônicas que nos envolvem tornam a tarefa profundamente gratificante.

Não raro, participamos de caravanas a lugares sombrios para socorro a companheiros desventurados, sempre acompanhados pelos nossos orientadores. A densidade do ambiente nesses locais pesa como chumbo e a respiração se torna difícil, asfixiante. Mas, ainda assim, o grupo funciona como um dínamo, reabastecendo-nos as forças, energizando-nos uns aos outros.

Existe uma reunião muito interessante e com alguma dose de humor, programada regularmente. Trata-se de palestras direcionadas para o público jovem e com tendências ao suicídio. Tentamos influenciar de forma positiva os encarnados que, apesar dos seus problemas existenciais, possuem certa dose de espiritualização. Elas se realizam na psicosfera da própria casa espírita, durante o período noturno, dada a proximidade de ambientação e consequente facilidade para reunir o público visado.

As atividades nesse campo demandam grande esforço das equipes espirituais para aglutinar os participantes da reunião. Não é tarefa fácil. Durante todo o dia, os obreiros do bem se esmeram em evitar que os jovens candidatos cometam quaisquer excessos. Procuram impedir que façam uso de drogas, de bebidas alcoólicas ou de medicamentos que possam lhes tolher a lucidez durante o período do repouso noturno, empenhando-se também em desviá-los de qualquer envolvimento em brigas e discussões, pois o desequilíbrio daí decorrente dificultaria o comparecimento deles à atividade programada.

Enfim, um pouco antes da hora marcada, eles começam a chegar, trazidos pelas entidades responsáveis. A disparidade de tipos, de vestimentas, de condição material e espiritual é imensa.

Alguns – podem se contar nos dedos –, estão conscientes, compreendem o que está acontecendo, mantêm postura digna e o pensamento em prece. A maioria, porém, não tem qualquer noção de lugar, nem sabe o que está fazendo ali. Adentram o recinto de pijamas, de shorts, descalços, de óculos escuros, com bonés na cabeça, enfim, de todas as maneiras. Algumas vezes obrigam nossos seguranças, à entrada do salão, com gentil firmeza, a lhes retirarem os *walkmans*, para que possam, libertos da música massificante, ouvir a mensagem que será proferida. Isso quando não comparecem cantando *raps*, dançando ou mascando chicletes.

Inquietos, com roupas grandes e folgadas, ginga e com palavreado exótico, examinam com estranheza o ambiente a que não estão acostumados.

Reunidos no grande salão, produzem um aspecto bizarro, que nos espanta. Apesar da seriedade da hora, há momentos em que não podemos deixar de achar graça nos diálogos que mantêm entre si ou nas perguntas que nos fazem.

Aos poucos, porém, vão deixando a agitação de lado, aquietando-se e ficando pensativos, tendo em vista as emanações do ambiente, preparado energeticamente para recebê-los. As distonias mentais devagar vão cedendo terreno e, dentro em pouco, a paz e a harmonia existentes no local os envolvem. Compreendem que algo de muito sério está acontecendo e que os interessa diretamente.

Nessa hora, quando todo o público visado já está presente, entram os responsáveis pela reunião, acomodando-se em grande mesa em frente da assistência.

VIVER SEMPRE VALE A PENA

O diretor dos trabalhos profere uma prece, elevando o pensamento às Altas Esferas, que acompanhamos sensibilizados. Em seguida, é passada a palavra para o palestrante da noite.

O Irmão Jacob levanta-se e fita com carinho as dezenas de jovens ali reunidos. Sua aparência impõe respeito pela nobreza e seriedade. Apresenta-se como um homem no vigor da idade, estatura elevada, pele moreno-clara, cabelos e olhos castanhos. A luminosidade intensa que irradia aos nossos olhos de desencarnados conscientes apaga-se, ante sua vontade poderosa, sendo visível agora qual se fora um simples encarnado. No entanto, de toda a sua figura se evola uma vibração de profundo amor, que os participantes não percebem, mas que nós detectamos. Ondas de safirina luz partem do cérebro, do coração e das mãos do orador e atingem a cada um dos jovens, que as assimilam.

Irmão Jacob principia a falar:

– Queridos irmãos aqui reunidos e participantes desta assembleia, que o Senhor da Vida nos dê a Sua paz e permita um melhor aproveitamento da oportunidade que nos concede nesta hora.

Fez uma pausa e, alongando o olhar pela assistência, prosseguiu:

– Ignoram vocês as dificuldades e os sacrifícios de grande equipe de trabalhadores dedicados ao bem, para que pudessem fazer-se presentes aqui, hoje. Apesar de tudo, como vocês demonstram algum conhecimento e aceitação de espiritualidade, isso nos propiciou este encontro.

"Todos vocês aqui presentes, sem exceção, consideram-se credores de ajuda que acreditam não ter. Sentem-se revoltados com a própria situação, inconformados com o que têm, ignorados pela sociedade, incompreendidos pelas famílias. Em suma, consideram-se lesados em suas mais caras aspirações, sem afeto e sem amor. Por isso, lançam-se à degradação moral, aos prazeres e aos vícios de toda ordem, como meio de conquistarem o que desejam. Ou seja, uma parcela de bem-estar, de felicidade."

Irmão Jacob fez outra pausa, perpassando os olhos lúcidos e serenos pela assistência. Aproveitei também para fitar os jovens e percebi que ouviam as palavras com interesse. Notei, ainda, que Irmão Jacob "descera" um pouco da sua condição, adaptando sua palestra aos ouvidos dos que ali estavam e que faziam esforços visíveis para acompanhar suas ideias, desacostumados aos grandes voos do pensamento.

– Mas não é por aí que irão conseguir o que desejam. Com semelhantes atitudes apenas estão complicando ainda mais suas vidas. A verdade é que são egoístas e inconsequentes. Pensam apenas em si mesmos, sem se preocuparem com os outros, com os familiares e amigos que os cercam e que sofrem com as consequências de seus atos. Sentem-se solitários, sem pensar que nunca procuraram desenvolver simpatia naqueles que estão à sua volta. Jamais se preocuparam em ser solidários com quem quer que seja e vivem a exigir atenção, como se fossem o centro do universo. Como a vida não é como desejam ou como esperavam que fosse, à menor contrariedade, ao mais ligeiro impedimento da vontade, lançam-se à ideia do suicídio, acalentando no coração o propósito de desertar da vida pela porta que lhes parece mais fácil. Não sabem vocês o quanto de sofrimento e de dor terão que amargar pelos séculos futuros, caso consigam perpetrar o ato a que aspiram.

O orador batia duro. Suas palavras, embora ditas com serena gentileza, eram firmes e a expressão da pura verdade. Muitos jovens abaixavam a cabeça e choravam, reconhecendo a justeza das recriminações. Espantavam-se perante o conhecimento que o Irmão Jacob demonstrava do que lhes ia no íntimo, quando nada haviam comentado com ninguém. O palestrante prosseguiu:

– Agora basta! Basta de loucuras e de desatinos! Vocês todos são seres inteligentes e possuem raciocínio lúcido. É hora de começarem a pensar com acerto. Já não são mais crianças em busca do colo da mamãe. São jovens que sabem o que querem, que estudam e que aprendem. Muitos frequentam grandes universidades, onde não lhes falta a luz dos conhecimentos.

"O mundo em que vivemos não está à deriva. Existe um Ser Superior, Criador do Universo, que tudo vê, tudo pode e tudo sabe. Não pensem que Ele desconhece o que vai no fundo de nossos corações. Somos todos filhos de Deus, que é Pai Amantíssimo e que nos dedica a todos o mais profundo amor.

"Jamais estamos sozinhos e desamparados. É preciso que nos lembremos de nossa condição de seres imortais. Somos Espíritos eternos, cuja meta é a evolução. Através das etapas reencarnatórias, vamos progredindo e ganhando novas experiências e conhecimentos. Nessas vivências cometemos atos bons, desenvolvendo afetos, ou nos comprometemos com atos negativos, prejudicando o próximo e a nós mesmos. Detentores do livre-arbítrio, isto é, da capacidade de tomarmos nossas próprias decisões, nos tornamos responsáveis pelos atos que praticamos, passando a sofrer as consequências do mal que semeamos. O que sofremos hoje é o resultado do nosso ontem.

"Portanto, o mal não foi criado por Deus, que é todo amor. É criação do homem e reflete suas imperfeições."

O orador fez nova pausa, analisando o efeito de suas palavras no auditório. Seus olhos meigos ficaram úmidos de pranto. Fitando os jovens emocionados e pensativos, respirou profundamente e continuou:

– Somente o bem nos trará a paz que buscamos. É preciso uma atitude positiva perante a vida. Todos vocês têm condições de vencer. Deixem de lado o egoísmo e saiam de si mesmos. O futuro nos aguarda pleno de alegria e de esperança, mas é preciso que cada um de nós faça a sua parte, dando o melhor de si. Parem de agir como adolescentes sem deveres e sem responsabilidades. Vocês são espíritos adultos que muito já viveram e que fracassaram desastradamente no passado. As dificuldades que enfrentam hoje representam o remédio que os há de curar.

"Olhem para trás. Vejam quanto sofrimento real existe no mundo, quantas dores para estancar, quantas crianças sem lar e sem pão, necessitadas de tudo; quantos enfermos presos ao leito, quantos desempregados aflitos por não terem com que alimentar os entes queridos; quantas mães que perderam os filhos pequeninos...

"Ah! Meus jovens amigos! Cada um de vocês que me ouve, olhe em volta de si e contemple as dores que se estendem a perder de vista, o sofrimento superlativo de tanta gente, e compreenderá que seus problemas são muito pequenos, tão insignificantes que não vale a pena desprezar a vida por causa deles. Ao contrário, Deus lhe concedeu tudo o que você precisa para viver bem. Nada lhe falta. Você tem amigos e o amor de uma família. Tem saúde física, inteligência clara e raciocínio lúcido, condições de estudar e aprender para ser cidadão digno e útil, de forma a representar peça valiosa no progresso da sociedade terrena.

"Não despreze esses abençoados talentos que o Senhor lhe concedeu. Mude a sua maneira de agir. Doe-se em benefício dos outros sem esperar receber. Ame, sem exigir amor. Compreenda, sem aguardar compreensão. Pare de se lamentar sem motivo e ajude. Exercite o bem em todos os momentos, e compreenderá que Jesus, o Amigo Divino, está com você, silencioso e compassivo, fortalecendo-o nas horas difíceis, amparando-o nos momentos de dor e sustentando-o na caminhada rumo à evolução, sem nunca o abandonar. Que Jesus nos abençoe!"

O orador calou-se. Contudo, suas palavras continuavam vibrando no ambiente, envolvendo-nos em vibrações de paz, de estímulo, de otimismo e de profunda esperança.

Após a preleção, a mudança nos jovens é visível. Deixam o local mais calmos, mais confiantes e mais esperançosos, decididos a lutar pela vida e prontos a esquecer as ideias infelizes que agasalhavam em seus corações.

Ao término da primeira palestra, enquanto os encarnados saíam conduzidos pelos seus acompanhantes, de retorno ao corpo físico, reunimo-nos a Galeno e eu acentuei entusiasmado:

– Que reunião importante! Todos os jovens, ou quase todos, saíram daqui com pensamentos bem diferentes daqueles que tinham quando aqui chegaram. Seus propósitos são de mudança radical de vida. Isso é uma verdadeira bênção!

VIVER SEMPRE VALE A PENA

| 83

Galeno, que me ouvia atento, respondeu:

– É verdade, Eduardo. Conseguimos grandes progressos esta noite. Mas não se iluda. Apenas uma pequena parcela desses jovens lembrará o que aqui ouviu e, desses, bem poucos manterão a firmeza de propósitos, persistindo no desejo de mudanças. A maioria, porém, continuará do mesmo jeito. Despertará com sincero desejo de mudar de vida, mas no decorrer do dia já terá esquecido suas boas intenções.

– Mas, então?!... – exclamei, externando o pensamento do grupo.

– Então, meu amigo Eduardo, devemos prosseguir sempre no exercício do bem, sem esmorecer nunca. Continuaremos tentando e nos esforçando até que eles se decidam a ouvir-nos os apelos – e, sabiamente, concluiu: – Já pensou se Deus desistisse de nos ajudar?

E eu fiquei a meditar na infinita misericórdia de Deus, que permite a ação dos amorosos benfeitores da Espiritualidade a benefício de todos nós, encarnados e desencarnados, e na Sua paciência sem limites, que atravessa os séculos e os milênios, aguardando nossa decisão de trilhar o bom caminho.

DEIXE-ME VIVER!

*"O abortamento voluntário é um crime,
qualquer seja a época da concepção?
R: Existe sempre crime quando transgredis a lei de
Deus. A mãe,ou qualquer outra, cometerá sempre
um crime tirando a vida à criança antes de seu nascimento,
porque é impedir, à alma, de suportar as provas
das quais o corpo deveria ser o instrumento."*

(O Livro dos Espíritos, Allan Kardec, Questão 358,
Boa Nova Editora)

Estávamos numa reunião do grupo, fazendo uma reavaliação das atividades nos últimos sete dias, quando nossos sensores captaram um pedido de socorro urgente.

Galeno concentrou-se durante alguns segundos, enquanto permanecemos em prece. Sabíamos que ele, mais adestrado do que nós, seus alunos, estava buscando informações mais precisas e que nos permitissem atender o pedido com mais clareza de detalhes. Em seguida, retornando, explicou:

– Duas vidas estão correndo perigo. Precisamos nos apressar!

Nada mais acrescentou e nada perguntamos. Sabíamos que as explicações viriam no tempo certo. Galeno encerrou a reunião e, rapidamente, deslocamo-nos para o local de onde provinha o chamado.

Era uma grande cidade do sul do país. Quando nos aproximamos, o sol estava a pino e a temperatura elevada. Dirigimo-nos a um velho prédio existente numa rua central que, embora condenado pela segurança pública, ainda era habitado. Entramos. No saguão a sujeira se acumulava e percebia-se, pela arquitetura antiga, que o edifício já conhecera dias melhores. O elevador, fazendo estranho ruído, nos levava a crer que funcionava por milagre. Porteiro, nem sinal. O apartamento localizava-se no décimo segundo andar.

Logo deu para notar que o local não era dos mais recomendáveis. Casais saíam abraçados e em posturas comprometedoras. Mulheres faziam gestos lascivos, diziam palavras obscenas e gargalhadas explodiam de bocas acostumadas a piadas picantes.

Galeno alertou-nos com firmeza:

– Mantenham o pensamento elevado e não se deixem envolver pelas emanações negativas que infestam este lugar. Lembrem-se de que todos, homens e mulheres, são nossos irmãos carentes de ajuda.

O alerta veio bem a tempo. Reajustamos as emoções e subimos. O ambiente era pesado e asfixiante. Nuvens escuras de miasmas espirituais empesteavam o ar e envolviam as pessoas que transitavam pelos corredores.

Chegando ao apartamento, tivemos uma grata surpresa. Ali dentro o ambiente era mais leve e gozava-se de relativa paz. Logo percebemos uma jovem, recostada no leito, concentrada em seus pensamentos. Ao lado da janela, uma entidade desencarnada vigiava. Recebeu-nos com satisfação:

– Sejam bem-vindos! Nós os aguardávamos.

Após as saudações e apresentações de praxe, Galeno indagou ao servidor do bem:

– Saul, como está a situação?

– Ah, meu amigo, as coisas não vão nada bem. A nossa irmãzinha recusa-se a ouvir-nos os apelos e permanece firme em seu propósito de suicídio. Já teria se atirado pela janela se eu não a tivesse impedido.

Fitamos a jovem encolhida na cama. Sua aparência era de profundo desalento e inspirava compaixão. Teria no máximo dezessete anos e era muito bonita. Tinha cabelos claros, longos e cacheados; sua pele, levemente bronzeada, era macia e aveludada; possuía lindos olhos verdes, no momento vermelhos de tanto chorar.

Aproximamo-nos dela e Galeno perguntou ao vigilante amigo:

– E a criança?

– Só Deus sabe os esforços que tem feito o nosso amigo reencarnante para evitar o fracasso da sua tentativa de retorno ao corpo carnal. Inquieta-se ante o perigo que ambos correm, como é natural, e suplica à mãezinha que não o impeça de nascer, frustrando suas expectativas de vida.

Só então me dei conta, com assombro, de que a jovem em questão estava grávida.

Galeno examinou-a detidamente e, depois, percebendo nossa sede de informações, ordenou:

– Observem seu campo mental.

Concentrei a atenção na fronte da jovem e logo comecei a perceber as cenas que se desenrolavam em seu espaço vibratório.

Maria Rita era jovem, de família de classe média e frequentava a melhor sociedade. Seu pai era muito severo, dono de rígidos princípios morais. Ao perceber a gravidez indesejável, Maria Rita tentara o abortamento, sem sucesso. Não procurara um médico, desses criminosos profissionais, "fazedores de anjos", como são chamados, porque, apesar de a família ter recursos, a jovem nada possuía de seu e, evidentemente, não poderia recorrer ao pai. Procurara expulsar o "intruso" tomando chás que alguém lhe afirmara serem "tiro e queda". Mas, qual nada! Dera murros na barriga, fizera ginásticas, pulara corda. Contudo, a indesejável gravidez persistia.

VIVER SEMPRE VALE A PENA

Agora, como o feto estivesse muito desenvolvido, o abortamento não mais poderia ser tentado com relativa segurança. Como era previsível, seu corpo já começava a exibir alterações e logo mais ninguém deixaria de notar. Incapaz de enfrentar a situação constrangedora perante a família e a sociedade, Maria Rita considerava o suicídio como a única saída para seus problemas. A salvação para seu espírito torturado e desejoso de paz.

Pobre pequena! Quanta ilusão acalentava em seu íntimo. Sequer pensava no filho que estava esperando, nem considerava que, com a sua morte, estava causando a morte de uma criança indefesa. Só conseguia ver o "seu" problema. Imediatista e desconhecendo as superiores leis da vida, a imortalidade da alma e as vidas sucessivas, só lhe interessava resolver a situação atual, o hoje, sem noção de futuro.

Focalizando seu ventre, pude perceber o feto já bem formado. A cabeça apresentava-se algo desenvolvida em proporção ao corpo; observei as mãos e os pés, os dedinhos delicados a se moverem. Os órgãos sexuais estavam bem visíveis – seria um menino! – e todo o pequeno organismo agitava-se inquieto. O espírito reencarnante, bem próximo, colado ao corpo, emitia pedidos de socorro em súplicas comoventes, que a mãezinha desequilibrada não tinha condições de escutar. Dizia ele:

– Mamãe, não faça isso! Não se mate, destruindo-me também a esperança de vida! Quero viver, mamãe! Não me abandone! Você se comprometeu a receber-me como filho do coração, para repararmos nossos erros e crescermos juntos para Deus. Não me negue essa oportunidade, mamãe! Tenha piedade! Se não me quer dar seu carinho, se não me deseja a seu lado, deixe que eu nasça e depois me entregue a alguém. Mas não me mate! Não quero morrer! Piedade, mãe! Piedade! Deixe-me viver! Deixe-me viver!...

E as súplicas prosseguiam, ininterruptas. Senti um nó na garganta e imenso desejo de chorar. Os outros membros da equipe estavam igualmente emocionados e também não contiveram o pranto. Como nossa função era a de socorristas, procurei não emitir julgamentos, envolvendo a ambos, mãe e filho, com muito amor.

– Perceberam? – indagou Galeno, continuando: – A nossa irmã comprometeu-se a receber esse espírito em seu lar para os necessários reajustes perante a lei de causa e efeito. Agora, por medo, deseja retroceder. Sente a presença do antigo desafeto e quer recuar, fugindo do problema. Para isso, alega a si mesma a intransigência dos pais, contudo nem sequer tentou contar a eles. No fundo, a realidade mostra que ela não quer esse filho.

Estávamos consternados perante o drama que se desenrolava diante de nossos olhos. Mônica indagou, procurando uma solução:

– Saul, e o pai da criança? Já tentaram chamá-lo à responsabilidade?

– Quando a nossa amiga deu a notícia ao namorado, eu estava presente – informou Saul. – Roberto é muito jovem e ficou apavorado. Alegou até que a criança talvez nem fosse dele e, desse dia em diante, nunca mais procurou Maria Rita. Ela telefonou diversas vezes para o rapaz, mas ele não atendeu. Fui atrás de Roberto, tentando intuitivamente fazê-lo mudar de atitude, mas ele não captou minhas sugestões. Na verdade, parece até que já está saindo com outra moça.

Depois fez uma pausa e concluiu, com gesto expressivo:

– Enfim, creio que não adianta contar com ele.

Alberto, que tudo ouvia atentamente, meditou por alguns segundos e considerou:

– Quem sabe? Olha, Saul, tenho profunda confiança no ser humano, e a prática nos tem mostrado que podemos ajudar a natureza das pessoas, influenciando-as de forma positiva.

– Não ignoro essa realidade – retrucou Saul –, mas, no presente caso, Roberto é de família riquíssima, muito tradicional e que não aceita a moça. E o rapaz, espírito fraco e inseguro, teme a reação do pai, que já ameaçou deserdá-lo se insistir com o namoro.

– Mas o fato é que não podemos ficar aqui parados. Temos que fazer alguma coisa, começar por algum lugar! – exclamou César, preocupado.

Galeno, que acompanhava o diálogo calado, ponderou:

– Todos vocês têm razão. Apesar das dificuldades de Roberto em aceitar a responsabilidade dos seus atos e do receio que tem da família, a situação pode ser revertida, se contarmos com o amparo de Jesus. E Ele nunca nos tem faltado nas horas de necessidade. Nada é impossível. Vamos trabalhar.

Tomando decisões rápidas, Galeno solicitou a Marcelo, Patrícia e Ricardo fossem até a casa de Roberto, preparando-o e a seus pais, Osório e Marlene Monteiro, para à noite, durante o sono, serem trazidos até o apartamento onde Maria Rita se refugiara.

Urias, Mônica e César Augusto se dirigiram até a casa da futura mamãe, com o objetivo de trazerem os pais de Maria Rita, Manuel e Conceição de Oliveira, em espírito, para a nossa reunião. Galeno foi tomar outras providências, enquanto nós, o restante do grupo, isto é, Alberto, Virgínia e eu, permanecemos vigilantes junto à jovem, em companhia de Saul.

Tínhamos a incumbência de manter Maria Rita o mais tranquila possível, bem como a entidade reencarnante, para que tudo funcionasse a contento e os resultados da reunião fossem os melhores.

A REUNIÃO

*"Porque se perdoardes aos homens as suas
ofensas, também vosso Pai celeste vos perdoará;
se, porém, não perdoardes aos homens, tão
pouco vosso Pai vos perdoará vossas ofensas."*

(Mateus, 6:14 e 15)

Tínhamos ainda muitas horas pela frente, que procurávamos utilizar da melhor forma possível.

Fizemos um círculo em torno da jovem e, elevando os pensamentos ao Alto, rogamos o amparo de Jesus e de Maria de Nazaré, mãe de todos os aflitos e, especialmente, protetora dos mais infelizes, que são os suicidas.

Sempre que suplicamos por Ela, a resposta não tarda. Iniciamos a aplicação de energias sobre Maria Rita, com especial atenção ao organismo do futuro bebê, sob intensa chuva de bênçãos que se derramava sobre nós, iluminando o ambiente. Ao tocarem levemente no corpo da nossa irmãzinha, tais substâncias eram imediatamente assimiladas por ela e pelo feto.

Logo ambos se aquietaram sob as cariciosas vibrações de amor, recursos vindos das Altas Esferas a seu benefício. As queixas e os lamentos foram se extinguindo e, dentro em pouco, mãe e filho dormiam placidamente.

O silêncio era um alívio para nossa sensibilidade auditiva, visto que o tumulto recente feito por ambos ecoou perturbadoramente em nosso plano. Com a paz que se fez, sentamo-nos para conversar enquanto aguardávamos.

Desejando informações mais detalhadas, indaguei ao nosso novo amigo:

– Saul, qual é a sua vinculação com esse caso? É parente de Maria Rita?

– Na verdade não, Eduardo. Só vim a conhecer nossa irmãzinha há pouco tempo. Sou amigo de Viana, o espírito reencarnante. Convivi com ele na última encarnação. Trabalhamos juntos, fizemos amizade e lhe devo alguns favores. Assim, apesar de não ter grandes condições espirituais, quis ajudá-lo, pela afinidade que nos une, com o que concordaram meus superiores, colocando-me no caso como vigilante.

– Ah! Não deve estar sendo nada fácil para você, meu amigo – considerei.

– Tenho passado realmente momentos difíceis aqui, mas o socorro nunca falta e confio que as coisas vão mudar.

Virgínia, que se conservava ao lado do leito, carinhosamente afagando os cabelos da jovem adormecida, murmurou:

– Ela é tão jovem ainda e com tantos problemas! Que falta faz a presença de Deus em nossas vidas! Se Maria Rita tivesse o hábito de orar, se tivesse um pouco de fé, tudo seria diferente.

Fitando o espírito reencarnante adormecido ao lado do corpo, Alberto considerou:

– Sem dúvida! A situação seria bem mais fácil. Mas, já pensaram na posição do nosso amigo aqui, que nem ao menos pode se defender? Vocês imaginaram a insegurança, o desespero de alguém que vê sua vida em perigo e que está impotente para reagir? Lúcido, percebe o perigo e nada pode fazer? Deve ser terrível! Além disso, o nosso irmãozinho está recebendo uma carga negativa extremamente pesada, proveniente das emissões mentais da futura mãe. Frágil como é, certamente está sendo prejudicado por essas vibrações deletérias, que irão se refletir em seu organismo.

– Tudo isso é verdade, mas, como Deus é amor, aqui estamos nós tentando ajudar com as nossas parcas condições e procurando impedir que males maiores ocorram – aduzi. – Enquanto encarnados, quando poderíamos imaginar que isso pudesse acontecer? Que houvesse seres "do outro mundo" agindo e se preocupando com nossos problemas? Buscando soluções para nos ajudar? Que existisse uma outra sociedade, invisível, convivendo conosco, muitas vezes dirigindo nossos passos e nos influenciando para o bem ou para o mal?

– Se isso fosse do conhecimento de todos os encarnados, certamente lugares como este deixariam de existir – ponderou Saul, referindo-se à frequência do prédio, utilizado como prostíbulo ou local de encontros, e ao barulho de música, vozes e risadas meio abafado pela distância.

– Como Maria Rita, moça de boa família, veio parar aqui, Saul? – indagou Virgínia penalizada.

– Não tinha para onde ir! Estava desesperada e, conhecendo a reputação do local, alugou um quarto e veio para cá, acreditando que ninguém se lembraria de procurá-la neste pardieiro. Além disso, pretendia ficar pouco tempo, pois seu objetivo era o suicídio, como não ignoram.

– Mas aqui ela corre grande perigo sem ajuda espiritual – considerei –, pois se a polícia der uma batida, o que não é difícil acontecer, ela será presa. Aí, sim, sua situação ficará preta. Porém, cá estamos nós de prontidão e, com o amparo de Jesus, nada lhe acontecerá.

E assim, conversando, as horas passaram tranquilas. Com a chegada da noite, o movimento aumentou e também as gargalhadas e o burburinho dos frequentadores do local.

Galeno retornara ao cair da tarde e permanecia confiante e risonho.

Logo após a meia-noite os "convidados"começaram a chegar. Os primeiros foram os pais de Roberto, Marlene e Osório Monteiro, assustados por estarem em local estranho. Marcelo,

Patrícia e Ricardo, seus acompanhantes, os acomodaram em pequena sala contígua, pedindo-lhes que aguardassem um pouco. Logo depois, foi a vez dos pais de Maria Rita, Conceição e Manuel de Oliveira, trazidos por César, Mônica e Urias.

Tudo pronto, Galeno convidou a todos para se dirigirem ao quarto. Depois, aproximando-se da jovem, tocou-lhe a fronte com leve batida. Maria Rita despertou, em espírito, estranhando ver a seu lado pessoas desconhecidas.

– Quem são vocês? O que fazem aqui?

– Fique tranquila, Maria Rita. Somos seus amigos e queremos ajudá-la.

A moça acalmou-se um pouco, sentando-se no leito. Nesse instante, relanceando o olhar pelo aposento, viu o namorado, que se mantinha tenso e preocupado num canto.

– Roberto! O que faz você aqui? Como me encontrou?

O rapaz que tal qual aos outros ignorava o que estava acontecendo, ia responder, mas Galeno se adiantou indo em seu socorro:

– Roberto foi trazido aqui, como os demais, para que possamos conversar e tratar de assuntos de extrema importância. Antes de iniciarmos, porém, elevemos os pensamentos ao Criador para que nossa reunião seja o mais produtiva possível e possamos atingir nossos objetivos.

O nobre espírito elevou a fronte e proferiu comovedora oração, que acompanhamos mentalmente. Os encarnados presentes, que não entendiam bem o que estava ocorrendo, mas percebiam a importância do momento, receberam os benefícios da prece, tornando-se mais lúcidos.

Logo após, Galeno deu início à reunião, considerando:

– Estamos aqui para decidir assuntos de extrema gravidade para este grupo. Nossa irmãzinha Maria Rita, aqui presente, encontra-se em situação desesperadora e precisa urgentemente do auxílio de todos.

Com gentil franqueza, Galeno colocou às claras a gravidez da moça e o seu propósito de suicídio.

A jovem, temerosa, escutando as ponderações de Galeno, chorava convulsivamente, sentindo-se descoberta. Roberto, que intimamente gostava dela, comoveu-se com seu pranto sentido, reflexo do drama que estava vivendo, e se aproximou:

– Maria Rita, eu lamento as palavras duras que proferi naquele dia e que tanto a magoaram. Sei que esse filho é meu, mas me deixei levar pelo medo. Perdoe-me. Não quero perdê-la, nem ao meu filho. Eu a amo. Vamos construir uma vida juntos.

O senhor Monteiro, pai de Roberto, que ouvia o diálogo espantado, não se conteve, dando vazão a seu temperamento explosivo:

– De jeito nenhum! Meu filho não se casará com "essa mulher". Tenho outros planos para você, Roberto, e não será essa criatura que irá atrapalhá-los. Não aceito em hipótese alguma.

Galeno aproximou-se de Osório, que demonstrava grande desequilíbrio emocional, e colocou-lhe a mão na fronte.

– Osório, acalme-se. Sabe você quem é "essa mulher" a quem se refere com tanto desprezo? Olhe bem para Maria Rita. Procure recordar-se. Esqueça o presente, volte ao passado. Espanha do século XVII, cidade de Toledo...

Assim induzido, Monteiro fitou a jovem à sua frente e só então a reconheceu:

– Mas...é Emília! Como pode ser isso?!...

– Sim, meu amigo. É Emília, que você abandonou após tê-la seduzido e que hoje está de volta suplicando a sua compreensão e ajuda. Ama seu filho e deseja refazer a vida. Você lhe deve isso.

Envergonhado, cabeça baixa, o homem chorava lembrando-se do passado.

– Recordo-me agora. Meu filho conheceu Emília e tomou-se de amores por ela. Estavam noivos, e mandei matá-lo num acesso de ciúmes, para evitar o casamento. Jamais meu filho poderia imaginar que, também eu, ao vê-la, ficara louco de paixão. Ela era uma jovem lindíssima e eu a seduzi, indiferente à situação de meu filho. Contudo, como tinha uma esposa e posição social que estabelecia rígidos costumes, não poderia confessar meu amor à luz meridiana do dia. Como Emília também estivesse apaixonada por mim, combinamos a morte de meu filho, que nos atrapalhava os propósitos. Certo dia, ele nos viu em atitude comprometedora e ameaçou contar à sua mãe, minha esposa, o nosso relacionamento. Como eu fosse muito ambicioso e ela a dona da fortuna, visto que eu era de família humilde, mandei matar meu próprio filho para impedir que nos delatasse. Mais tarde, cansado de Emília e da situação dupla que vivia, abandonei a pobre moça a destino incerto, após ter saciado meus desejos. Sim, eu confesso perante este tribunal: cometi o crime abominável de mandar matar Romualdo, meu filho!

Nesse instante, o reencarnante indagou, aflito:

– Quem me chama?

Vendo a surpresa de Osório, Galeno explicou:

– Sim, é Romualdo, seu filho, que você mandou matar para impedir de se casar com Emília, que você seduzira e se tornou sua cúmplice. Ele retorna agora como neto a seus braços para os reajustes devidos. Percebe agora a grandeza da misericórdia divina? Compreende também que nossos crimes nunca ficarão impunes, mesmo aqueles que consideramos "perfeitos"? Que a Justiça Divina nos alcança sempre, onde quer que estejamos, proporcionando-nos oportunidades para a reparação de nossos erros? Deus é Amor, razão por que ama a todos os Seus filhos, indistintamente. Por isso, meu irmão, não perca a divina bênção deste instante, que soa para seu espírito devedor e aflito.

Compreendendo a alusão de Galeno, Osório, profundamente comovido, pareceu encolher-se, despindo a couraça de orgulho e prepotência que vestira até aquele momento. Deu um passo, colocando-se diante das vítimas do passado, especialmente daquele que fora seu filho:

– Romualdo, meu filho, perdoe-me! Não sabia o que estava fazendo. Deixei-me arrastar pelas tendências negativas e causei muitos males. A paixão cegou-me. Ignorava, na época, que existia uma justiça divina e que seremos sempre responsabilizados por nossos atos. Agora, a consciência me acusa. Errei muito e me arrependo amargamente. Você também, Emília, perdoe-me. Recebê-los-ei com muito amor em nossa casa e procurarei reparar os males que causei a ambos.

Sob o influxo sublime de vibrações cariciosas que inundavam o ambiente, abraçaram-se os antigos inimigos, e Maria

Rita, agora também lembrando-se do passado, fitou Romualdo com remorso:

– Romualdo, então é você o filho que estou esperando! Quanto mal lhe fiz! Você me amava tanto e eu não soube merecer o seu amor. Afundei-me na degradação moral, abandonando-o por um outro homem que me era duplamente proibido, porque comprometido com outra mulher, além de ser seu pai. Não bastasse isso, tornei-me cúmplice num crime contra você. Perdão!... perdão!...

– Sim, Emília. Agora compreende por que preciso nascer em seus braços? Não me negue a oportunidade de refazer o nosso relacionamento, sob novas bases. Também preciso do seu perdão. Depois dessa tragédia, por longo tempo fiz tudo para prejudicá-la e a meu pai, tornando-me inimigo ferrenho de ambos, incapaz de perdoar o mal que tinha recebido de vocês, as criaturas a quem eu mais amava. Antes da sua volta ao corpo, porém, fizemos as pazes e nos prometemos mútua ajuda, quando você aceitou receber-me como filho em uma nova vida de redenção para nossos espíritos falidos e imperfeitos.

Chorando convulsivamente, Maria Rita dizia:

– Perdão! Perdão! Não quero mais morrer! Preciso viver para reparar tantos danos! Compreendo agora que existe uma Força Superior Onisciente dirigindo nossos atos. Vamos, sim, reconstruir nossas vidas. Prometo ampará-lo com muito amor e dedicação, para que caminhemos juntos.

Acompanhando a cena que se desenrolava diante de seus olhos, Roberto lamentou-se, soluçando:

– Sim, eu me lembro agora! Como pude esquecer? Eu era um servo e recebi ordem do meu amo para matar Romualdo. Foi o que fiz. Aguardei o momento propício, a hora em que ele ia tomar banho no rio. Esperei-o na trilha e o asfixiei com minhas próprias mãos. Em seguida, enterrei o corpo no meio do mato e ninguém jamais o encontrou. Meu Deus! O que fiz? Perdoem-me! Emília, Romualdo, perdoem-me! Sim, serei o pai que você precisa. Dar-lhe-ei agora a vida, que antes destruí. Procurarei protegê-lo em todos os momentos, para que tenha uma existência saudável e digna. Eu o prometo.

VIVER SEMPRE VALE A PENA

O momento era de grande emotividade. Todos os participantes da reunião abraçaram-se, felizes e aliviados. Naquele instante, problemas seculares estavam sendo solucionados e dissolvidas mágoas e rivalidades. De uma forma ou de outra, os antigos desafetos reconheciam sua participação no drama ocorrido na Espanha. A mãe de Roberto, Marlene, fora a esposa traída e mãe de Romualdo, por isso a aversão que também sentia por Maria Rita, a Emília do passado. Ao ver o filho daquela época, sentiu-se dominar pelo amor que nunca tinha morrido.

– Ah! Romualdo, meu filho! Você será nosso netinho bem--amado e encherá nossa casa de vida e alegria.

Sob intensa emoção, abraçou a futura nora, que, em lágrimas, suplicava o seu perdão. Além de perdoá-la, hipotecou-lhe amizade e proteção dessa data em diante.

Os pais de Maria Rita, que também tinham sido os pais de Emília, cheios de ambição, haviam incentivado a filha no seu relacionamento com o poderoso senhor, sendo, portanto, cúmplices. Conservaram-se um pouco afastados durante o diálogo; depois se aproximaram, satisfeitos por terem reencontrado a filha desaparecida e, sabedores de que ela estava grávida, compreenderam toda a significação do momento, alegrando--se porque iriam ser avós. Aceitaram a sua parcela de culpa nos fatos, prontificando-se a refazer os relacionamentos, criando elos de amizade com a família de Roberto, que, de alguma forma, haviam prejudicado.

O ambiente era de paz e de alegria. Esquecendo-se das ofensas e das mágoas tanto tempo acalentadas, todos se abraçaram satisfeitos e aliviados.

Nesse instante, intensa claridade dominou o quarto singelo, surgindo uma entidade de grande beleza. Era uma senhora, de idade indefinível, cuja presença emocionou a todos. Sua indumentária parecia ter sido tecida com fios de safirina luminosidade; o semblante, descontraído num leve sorriso, irradiava profunda bondade e os olhos ternos fitavam a todos com amor; cada fio dos cabelos de neve pareciam constituídos de luz.

Certos de que estavam diante de um ser santificado, os encarnados se ajoelharam ante a bênção da radiante presença.

Com gestos delicados, a nobre entidade estendeu os braços como se envolvesse a todos num mesmo amplexo e sua voz soou, com acento inesquecível para eles, que reteriam na lembrança o encontro dessa hora.

– Queridos irmãos e amigos! Mercê da infinita bondade do Pai, foi-nos concedida a dádiva deste encontro. Que ele fique gravado na consciência de cada um permanentemente, como acréscimo de misericórdia divina que nos compete aproveitar devidamente, representando aumento de responsabilidade para seus Espíritos necessitados de ajuda.

"Soa nesta hora, para todos, as clarinadas do despertar, convocando-os à mudança de atitudes e de comportamentos, em face dos compromissos assumidos perante a lei de causa e efeito. Em virtude do mau uso do livre-arbítrio, as responsabilidades avultam e é chegado o momento propício para a reparação.

"Este grupo aqui reunido tem-se encontrado muitas vezes através do tempo em inúmeras etapas reencarnatórias, acrescentando novos gravames aos débitos já contraídos.

"Venho acompanhando suas trajetórias desde muitos séculos, procurando protegê-los na medida do possível e incentivando-os ao progresso e à renovação moral.

"Há algumas dezenas de anos nos reunimos na Espiritualidade. Estavam todos cansados da luta inglória, de vinganças e ressentimentos, de amarguras e revoltas, e conscientes da necessidade de reconciliação com os desafetos. Foram feitos, nessa ocasião, os planejamentos reencarnatórios de acordo com as condições e necessidades de cada um.

"Portanto, não é por acaso que estão reunidos novamente. A finalidade é trabalhar para as reparações devidas, sob a égide do Evangelho de Jesus.

"Assim, meus amigos, nada temam. Mantenham acesa a chama da oração e confiem. Deus é Pai Amoroso e recursos não faltarão. Continuaremos juntos, trabalhando e lutando coesos. Existem seres em condições lastimáveis, em terrível degradação espiritual, vítimas nossas do passado, e que deverão ser socorridos na época certa. Mas para isso é preciso que restauremos a fé, nos equilibrando emocional e moralmente, para podermos estender-lhes as mãos."

A generosa Entidade fez uma pausa e, com os olhos úmidos, fitou a cada um dos que ali se conservavam ajoelhados, completando:

– A vitória de vocês será também a nossa vitória! Que o Senhor da Vida derrame sobre todos as bênçãos da Sua Paz!

Os presentes choravam, tocados nas fibras mais íntimas, enquanto pequeninas flores azuis vertiam do Alto, balsamizando o ambiente e produzindo infinito bem-estar.

Os encarnados recebiam as palavras, proferidas com o mais profundo amor, tentando eternizá-las na mente, por reconhecerem a importância dessa hora para cada um em particular e para todos em conjunto. Sentiam-se jubilosos e cheios de energia e bom ânimo, bem como demonstravam novas e sadias disposições de mudança de vida, de otimismo e de esperança.

Após o encerramento da reunião, os encarnados foram conduzidos de volta a suas casas. Ao ficarmos a sós no quarto de Maria Rita, pusemo-nos a conversar.

– Graças a Deus! – suspirou Galeno. – A reunião foi coroada de grande êxito! A equipe está de parabéns. Tudo funcionou a contento.

– E agora, como vai ser? Os encarnados se lembrarão do encontro e das promessas que fizeram? – indagou Virgínia.

– Assim espero. Mas isso nós vamos verificar logo mais!

VOLTANDO AO LAR

*"Bem-aventurados aqueles que são misericordiosos,
porque eles próprios obterão misericórdia."*

(Mateus, 5:7)

Na manhã seguinte, por volta das oito horas, entramos na residência de Maria Rita. Seus pais estavam na copa, sentados à mesa, tomando café.

Conversavam e ficamos a ouvir o que diziam.

Dona Conceição, pensativa, segurava a xícara de café entre os dedos, sem resolver-se a levá-la à boca. O marido, que a observava discretamente, disse:

– Não se preocupe, Conceição, algo me diz que nossa filha vai voltar. Não sei porque, hoje acordei com essa certeza.

A mulher, saindo do seu alheamento e ouvindo as palavras do marido, considerou:

| 101

– Você acha mesmo?

– Claro! Tenho convicção do que estou dizendo!

– Curioso você pensar assim. Também eu acordei mais bem-disposta e tranquila, como se tudo fosse se resolver logo.

– Interessante...

– Pois é. E sabe o que mais? Estava aqui tentando me lembrar de um sonho que tive esta noite. Recordo-me apenas de estar num quarto estranho, de péssima aparência, onde vi muitas pessoas, inclusive nossa filha.

– E o que ela estava fazendo lá?

– Isso eu não sei. Você também estava presente!

– Eu?!...

– É, você. Também me lembro de uma santa que apareceu de repente e todos nos ajoelhamos.

O marido fez cara de incredulidade:

– Você está ficando "pirada", mulher! O que uma santa iria fazer num lugar desse?

– Bem, isso também ignoro. Só sei que estava lá.

Manuel levantou-se apressado, meneando a cabeça. Precisava ir trabalhar e já tinha perdido muito tempo. Despediu-se da esposa e saiu, afirmando:

– Se tiver alguma novidade, não deixe de me avisar, está bem?

Conceição ficou sozinha, entregue a seus pensamentos, tentando lembrar-se melhor do sonho que tivera. Logo mais o telefone tocou e ela foi atender. Do outro lado da linha ouviu uma voz masculina, algo temerosa.

– Dona Conceição?

– Sim, sou eu. O que deseja?

– Sou Roberto, o namorado de Maria Rita, lembra-se de mim? Preciso muito falar com a senhora. Poderia me receber? É sobre sua filha.

– Tem alguma notícia dela? Sabe onde está?

– Não exatamente. Porém, o que tenho a lhe dizer gostaria de fazê-lo pessoalmente. Poderia me receber?

– Naturalmente. A que horas?

– A hora que for mais conveniente para a senhora.

Ansiosa, acreditando que o rapaz pudesse ter alguma notícia da filha e não podendo esperar mais, disse:

– Estou em casa e não vou sair no período da manhã. Pode vir até agora, se quiser.

– Ótimo. Estou indo.

Conceição desligou o telefone, tensa. "Terá acontecido alguma coisa?" Mandou a empregada fazer um café novo e sentou-se na sala para esperar.

Menos de dez minutos depois, ouviu o barulho de uma moto que parava defronte da casa e, em seguida, a campainha tocou. Conceição foi abrir. Cumprimentou o rapaz com as mãos trêmulas e convidou-o a sentar-se. Roberto também estava tenso e preocupado. Foi logo falando:

– Com certeza a senhora está estranhando minha presença aqui hoje. Sei que não tem grande simpatia por mim, mas precisamos conversar.

– Naturalmente. Estou escutando. Pode falar. Você disse que é sobre Maria Rita. Ainda estão namorando? Sabe onde ela está? Se souber, por favor, diga-me. Não me esconda nada. Estamos desesperados!

– Bem, Dona Conceição, nem sei como começar. Maria Rita e eu terminamos tudo há algum tempo e nunca mais soube dela. Mas a verdade é que eu a amo e gostaria de casar-me com ela.

Roberto fez uma pausa e, fitando a mulher à sua frente, continuou, esfregando as mãos nervosamente:

– É muito difícil o que vou lhe dizer. Há coisas que a senhora ignora.

– Por exemplo?!...

– Maria Rita está grávida.

– Grávida?!...

– Sim. Está esperando um filho meu. Confesso que, a princípio, fiquei assustado e afastei-me dela. Fui covarde, reconheço. Agora, porém, pensei melhor e pretendo assumir a responsabilidade que me cabe nessa história.

VIVER SEMPRE VALE A PENA

Assustada e perplexa, Conceição ficou em estado de choque.

– Não é possível! Como não percebemos nada?

– A verdade, Dona Conceição, é que ela fugiu por esse motivo. Medo de enfrentar a situação. Medo de vocês. E também por não ter encontrado apoio em mim. Enfim... ela ficou apavorada!

– Meu Deus! O que Manuel vai dizer? Ele que é tão severo e rígido com respeito à moral!...

Com seriedade, Roberto afirmou:

– Dona Conceição, acho que é hora de ajudarmos sem ficar questionando as coisas. Algo me diz que Maria Rita corre perigo. Temo que, por medo, cometa uma ação irreparável.

– Não! Não é possível! Pensa realmente isso, Roberto? Oh! Meu Deus! Se pelo menos soubéssemos onde ela está!

O rapaz respirou fundo, como se precisasse pensar duas vezes antes de falar.

– Dona Conceição, tenho um pressentimento de que Maria Rita vai voltar. Vim aqui para preparar o terreno, de forma que, se isso acontecer, ela não encontre resistências. Ao contrário, encontre um ambiente de compreensão e entendimento.

– Sim, certamente. Afinal, um netinho, mesmo inesperado, será uma alegria para nós. Falarei com Manuel, que é mais enérgico em questões de moral, tentando acalmá-lo. Todavia, como você pretende casar-se com nossa filha, não vejo maiores problemas! – afirmou Conceição, intuitivamente recordando-se da reunião noturna.

– Ótimo! Quanto ao retorno de Maria Rita, tive um sonho esta noite, bastante estranho, e amanheci com a certeza de que ela vai voltar.

Surpresa, Conceição exclamou, servindo o café que a empregada trouxera:

– Também você, Roberto?!... Que interessante. Também tive um sonho em que via muitas pessoas, algumas conhecidas, outras não, e sei que estavam preocupadas com minha filha.

– Exatamente! Como pôde acontecer isso? Termos o mesmo sonho?

Conceição permaneceu calada alguns segundos, pensativa.

— Olha, Roberto, começo a achar que tudo se encaixa e confio em que tudo vai se resolver mais rápido do que pensamos. Será que realmente estivemos juntos esta noite?

Roberto, meneando a cabeça, considerou:

— Não sei. Mas a verdade é que fatos estranhos aconteceram. Os espíritas talvez tenham razão, quando afirmam que todos nós, durante a noite, podemos abandonar o corpo e, em espírito, ir para onde quisermos, de acordo com nossos interesses.

— Será possível? De qualquer forma, é uma teoria interessante. Como estávamos preocupados com Maria Rita, poderíamos tê-la encontrado em sonho. Faz sentido.

— É verdade! Bem, Dona Conceição, preciso ir agora. Agradeço sua atenção e prometo fazer tudo pela felicidade de sua filha.

Olhando aquele rapaz por quem sempre tivera certa implicância, considerando-o fútil e irresponsável, Conceição sentiu-se emocionada.

— Ah! Meu filho! Agora que o conheço melhor, vejo que é um bom rapaz. Seja bem-vindo nesta casa.

Abraçaram-se e Roberto foi embora.

Na Espiritualidade, nós, que acompanhávamos o diálogo, estávamos exultantes. Tudo caminhava bem.

Passava um pouco das onze horas, quando Maria Rita despertou. Galeno aplicara-lhe sedativo para que ela e a criança pudessem ter uma noite tranquila, de modo que se recuperassem física e espiritualmente das pressões que vinham sofrendo.

Ao acordar, demorou um pouco para perceber onde estava. Bastou um passar de olhos pelo aposento, porém, para que tudo viesse à tona. Lembrou-se dos problemas que estava vivendo, e que a levaram a fugir de casa.

Coisa curiosa, porém, é que a recordação da gravidez já não lhe causava pânico. O desespero acabara e ela via-se a pensar sobre o assunto, analisando a situação com tranquilidade e equilíbrio. Até tinha dificuldade, agora, em compreender por que fugira do lar, sem ter pelo menos tentado falar com os pais. A ideia de suicídio estava definitivamente afastada de sua mente e horrorizava-se ao lembrar que tinha cogitado essa hipótese e que por muito pouco não se atirara pela janela do edifício.

Analisando friamente as circunstâncias, tomou uma decisão. Voltaria para casa e colocaria os pais a par das suas dificuldades. Se a expulsassem de casa, paciência. Não seria a primeira moça a ter um filho sozinha e a trabalhar para se sustentar. Arranjaria um emprego e mostraria a todos, inclusive ao Roberto, que era autossuficiente.

Estendida no leito, continuava refletindo: enquanto o bebê não nascesse, seria mais difícil, mas não impossível. Concluíra o curso Normal e agora tinha uma qualificação profissional. Antes de tudo isso acontecer, pretendia continuar os estudos, o que, no momento, era impraticável. Tinha chance de conseguir um lugar de professora numa escola, ou poderia dar aulas particulares de reforço escolar. No estágio pudera observar quantas crianças tinham dificuldades para estudar e, por isso, tinha certeza de que não faltariam alunos.

Maria Rita sorriu. Ela mesma admirava-se de perceber como estava enfrentando com novo ânimo a situação, encontrando alternativas e não se atemorizando ante os obstáculos que iria enfrentar.

Assim, envolvida por nosso carinho e cheia de esperança, otimismo e confiança no futuro, arrumou suas coisas e abandonou aquele quarto onde tanto sofrera.

Faltavam dez minutos para as treze horas, quando chegou defronte de sua casa. Entrou sem fazer ruído. A essa hora os pais estariam sentados à mesa, almoçando. Caminhou até a copa sem ser notada.

– Tem comida para mim também?

Ouvindo a voz tão querida, Manuel e Conceição viraram-se e, cheios de espanto e de alegria, correram para abraçar a filha.

– Minha filha! Que saudades! Que susto você nos pregou! – disse a mãe a chorar.

– Maria Rita, onde você esteve, minha filha? Procuramos por todos os lugares! – indagou o pai, severo, demonstrando sua aflição.

Sabendo dos problemas da filha, Conceição desviou o assunto:

– Isso não importa agora, Manuel. Teremos tempo para explicações depois. Venha, Maria Rita, sente-se conosco e coma. Deve estar com fome.

O ambiente mudara sensivelmente. A tensão fora substituída pelo alívio e pela tranquilidade. A família transpirava serenidade e satisfação. Estavam felizes.

Maria Rita sabia que teria que enfrentar inevitáveis explicações, mas a amorosa solicitude dos pais dava-lhe a certeza de que tudo se resolveria da melhor maneira possível.

Depois do almoço, sentaram-se na sala para conversar. A mãe delicadamente informou Maria Rita:

– Sabe que Roberto, seu namorado, esteve aqui hoje pela manhã?

Manuel olhou a mulher, espantado.

– Você nada me disse sobre isso, Conceição!

– Não houve tempo, Manuel. Estou contando agora. Ele também estava preocupado com você, Maria Rita. E sabe o que mais? Assegurou-me que pretende casar-se com você! Se o quiser, é claro!

A jovem fitou a mãe com os olhos arregalados.

– Verdade, mamãe? Ele disse isso mesmo?

– Disse. Inclusive, pediu-me para avisá-lo quando você voltasse.

Maria Rita corou de satisfação. Alguns dias antes estava tão magoada com a atitude do namorado que jurava não querer vê-lo nunca mais. Agora, tudo estava diferente. Sua vida, de um dia para o outro, estava mudando. Quando poderia pensar que tudo fosse se resolver tão facilmente? Bem desconfiara de que aquela santa que lhe aparecera em sonhos e que dizia estar ali para ajudá-la era prenúncio de alegrias!

Conceição contemplou Maria Rita com carinho, vendo o semblante dela transformar-se com a notícia, como se uma luz interior a iluminasse repentinamente. Como era bom poder dar um pouco de tranquilidade à sua filha! Como sua pequena e desprotegida menina deveria estar sofrendo!

Mais tarde Roberto chegou, avisado de que Maria Rita já estava em casa. Os jovens conversaram como se nada tivesse mudado. Mágoas, ressentimentos, tudo desaparecera do coração de Maria Rita. Quando ele falou em casamento, ela considerou:

– Mas... e seus pais? Sei que eles não me toleram. Certamente não aceitarão nosso casamento.

Abraçando-a, Roberto acalmou-lhe as dúvidas:

– Não se preocupe. Está tudo bem! Já falei com meus pais e, para minha surpresa, eles não fizeram objeção. Até meu pai, que era mais resistente, acabou aceitando a ideia. Acho mesmo que estão torcendo para que venha logo um netinho!

– Ah! Mas isso é um milagre!

– Pois é. Agora é preciso apenas marcar um encontro entre as famílias para celebrar o nosso noivado.

Abraçados, entraram na sala e conversaram com o senhor Manuel e Dona Conceição, acertando para o dia seguinte o encontro.

– Mas, assim... de repente? – perguntou Conceição.

– Sim, não queremos esperar mais. Temo que Maria Rita fuja de novo e não quero correr esse risco! – disse Roberto, bem-humorado.

– Engraçadinho! – exclamou a jovem fazendo careta. Depois, virando-se para a mãe, disse: – Podemos fazer um jantarzinho simples, mamãe. Nada de complicado. Os pais de Roberto sabem que somos pessoas simples e não irão reparar.

– Tem razão – completou o senhor Manuel. – Afinal, o que importa é a felicidade dos nossos filhos.

Estavam todos felizes, e nós também. Nesse clima de alegria, deixamos a casa pensando em voltar no dia seguinte, pois queríamos participar da reunião festiva. Afinal de contas, tínhamos direito! Esse noivado nos tinha dado uma canseira!...

Faltavam alguns minutos para as vinte horas do dia seguinte, quando demos entrada na casa de Maria Rita. A família de Roberto acabava de chegar e as apresentações estavam sendo feitas.

A dona da casa estendeu a mão aos recém-chegados, com sorriso gentil:

– Sejam bem-vindos! Já não nos conhecemos?

No plano espiritual nos entreolhamos sorrindo. Intuitivamente, sem se lembrarem com nitidez da reunião, todos tinham vaga sensação de já terem se visto antes.

A conversa tornou-se animada. Descobriam pontos de afinidade entre si. Osório e Manuel torciam pelo mesmo time de futebol e logo se tratavam como velhos amigos.

O ambiente era de paz e harmonia. Maria Rita e Roberto dirigiram-se para a varanda. Queriam ficar sozinhos, o que era natural. Era tempo de fazerem planos para o futuro, estabelecerem diretrizes para a vida. Fitando o firmamento estrelado, Maria Rita estava pensativa. Roberto abraçou-a, carinhoso:

– Em que pensa minha querida noivinha?

– Penso que, até dois dias atrás, jamais poderia supor que minha vida pudesse mudar tanto. Via tudo negro e sem saída. De repente, tudo começou a melhorar, as coisas foram se resolvendo. Não sei como explicar... foi desde aquela noite. Vi um ser iluminado, acho que era Maria Santíssima, a Mãe de Jesus. Ela me apareceu e ajudou para que tudo se resolvesse.

Roberto lembrou-se do sonho que ele e Dona Conceição tiveram e relatou o fato à noiva, relacionando-os. Falou também da teoria espírita, que afirma ser o Espírito um ser imortal que, durante a noite, se liberta através do sono e vai para o mundo espiritual. Que os sonhos poderiam representar situações, encontros, vividos pelo Espírito nesse período de repouso do corpo.

– Que interessante! – comentou Maria Rita. – A esta altura, não ficaria admirada se outras pessoas também tivessem tido o mesmo sonho. Parecia mesmo verdade. Tão real! Recordo-me também de um senhor simpático que advogava a minha causa, como se estivéssemos num tribunal. Senti que estava sendo julgada e que ali se decidia sobre a minha vida. Curioso é que seus pais faziam parte do júri, imagine. Tudo está meio confuso em minha cabeça, você entende? Não sei como explicar!

Roberto ficou pensativo. Lembrava-se de algo semelhante.

– Não se preocupe, minha querida. "Há mais coisas entre o céu e a terra do que sonha nossa vã filosofia", já dizia o genial Shakespeare. Vou procurar me informar melhor sobre esses assuntos da alma. Meu amigo tem muitos livros espíritas e vou pedir alguns emprestados. Acho que vale a pena investigarmos o assunto.

Nessa altura, satisfeitos e risonhos, deixamos a casa. Nada mais tínhamos para fazer ali. Graças à Espiritualidade Maior, as coisas entravam nos eixos.

Voltaríamos ainda muitas vezes para visitar nossos novos amigos, com o intuito de protegê-los nessa fase inicial, de modo que tudo corresse da melhor forma possível. Acompanharíamos a gestação de Maria Rita, procurando transmitir a ela e ao bebê vibrações energéticas de paz e harmonia.

Elevamos pensamentos de gratidão ao Supremo Condutor das nossas vidas e nos alçamos ao infinito, com a gratificante sensação do dever cumprido.

DESTINO INEXORÁVEL

*"As vicissitudes da vida são de duas espécies,
ou se assim se quer, têm duas fontes bem diferentes
que importa distinguir: umas têm sua causa na
vida presente, outras fora desta vida."*

(Evangelho Segundo o Espiritismo, Allan Kardec,
Cap.V, item 4, Boa Nova Editora)

Em seu leito Raul meditava. Sabia que precisava levantar-se, mas não tinha ânimo. Muito serviço o aguardava na loja de implementos agrícolas onde trabalhava. O patrão o tinha em alta conta e dera-lhe um cargo de confiança que ele não podia menosprezar. Fazia alguns meses que era responsável pela parte financeira da empresa, e isso demandava muito esforço e dedicação da sua parte. A loja não era grande, mas tinha bastante movimento, porque praticava preços competitivos. Sabendo negociar os produtos na compra, com valores mais baixos e prazos mais dilatados, Raul conseguira reduzir sensivelmente os preços de venda, com isso atraindo muitos compradores.

O patrão estava contente com a escolha que fizera. A cada dia o faturamento da empresa crescia a olhos vistos, e ele acompanhava as transações de Raul com muita satisfação.

Tudo corria bem. Entretanto, de alguns dias para cá, Raul vinha experimentando singular fraqueza em todo o corpo, acompanhada de falta de apetite e de ânimo para executar a menor ação.

A princípio, conseguira vencer essa estranha apatia e, fazendo enorme esforço, comparecera ao serviço.

– Sente-se bem? Você está pálido e abatido! Não tem dormido direito? – perguntara-lhe o patrão, preocupado, que lhe queria como a um filho.

– Não sei o que está acontecendo comigo. Sinto-me indisposto hoje. Acho que estou pegando uma gripe.

– Então, vá para casa e cuide-se! – ordenou o patrão.

– De jeito nenhum! Estou cheio de serviço e devo receber alguns viajantes hoje. Isso não é nada. Vou tomar um bom antigripal, vitamina C e logo estarei bem!

Lutando para reagir, Raul mergulhou no serviço.

Nos dias seguintes, porém, as coisas não melhoraram; ao contrário, seu estado geral só foi piorando, até que um dia Raul estava totalmente sem coragem para levantar-se da cama.

Ele morava sozinho desde o falecimento da mãe, no ano anterior. Cuidava da casa, da roupa e da alimentação, sem se incomodar com isso. Até gostava. Mas agora, que não estava bem de saúde, sem disposição para trabalhar, sua situação tornou-se muito difícil, pois não tinha condição de executar essas tarefas, nem alguém que as fizesse.

Raul passou por um cochilo e acordou com a campainha do telefone tocando.

– Alô! Raul? – A voz do outro lado soou ansiosa. – Aconteceu alguma coisa?

Era o patrão.

– Sim, sou eu, Senhor Moura! Ia mesmo ligar para o senhor. Não amanheci muito bem hoje e por isso não fui trabalhar. Mas amanhã, sem falta, estarei aí na empresa.

– Não se preocupe com o serviço, daremos um jeito. Se não melhorar, procure um médico.

– Fico-lhe muito grato pela atenção. Está bem. Sim, irei ao médico, se achar conveniente. Até amanhã, então. Obrigado.

Desligando o telefone, Raul tentou levantar-se. Tomaria um banho, faria um café e tinha certeza de que iria se sentir outro depois de comer alguma coisa.

Ao sentar-se na cama, porém, forte tontura o dominou. Deixou-se cair de novo no travesseiro. Sentia necessidade urgente de ir ao banheiro, mas não conseguia levantar-se.

Começou a ficar aflito e irritado. Que situação a sua! Sem ter alguém para ajudá-lo, como resolver suas mais básicas e prementes necessidades?

Sem alternativa, urinou ali mesmo na cama. Em seguida, chorou muito. Sentia-se humilhado perante si mesmo.

Dormiu novamente, mergulhando em sono profundo.

Despertou com fortes pancadas na porta. Ouvia vozes lá fora, mas não conseguia se levantar e abrir. Dentro de pouco tempo, ouviu um estrondo e a porta veio abaixo, dando passagem ao patrão e a vizinha do lado.

Ao entrarem no quarto, estancaram surpresos. Raul, no leito, estava com feições cadaverizadas e um cheiro fétido de excrementos humanos tresandava no ar. Aproximando-se do leito, o patrão indagou:

– Raul, o que houve? Há dois dias estamos tentando obter notícias suas sem resultado! Você não atendia ao telefone e julgamos que não estivesse em casa. Por sorte, Dona Leonor, sua vizinha, ficou preocupada e foi nos procurar. Como está?

Raul chorava de humilhação e vergonha, ferido em sua dignidade, pela situação em que o encontraram, mas, ao mesmo tempo, aliviado por receber socorro.

Preocupado, Moura chamou uma ambulância, que conduziu seu funcionário para o hospital. O médico de plantão examinou-o e, percebendo-lhe o grau de fraqueza orgânica, procedeu ao internamento, rapidamente, iniciando a aplicação de soro e ordenando à enfermeira que colhesse material para iniciar uma série de exames.

Dentro de alguns dias, Raul estava com outro aspecto. O médico entrou no quarto com alguns papéis na mão.

– E então, doutor, posso ir para casa? Sinto-me bem e tenho que trabalhar.

Sem responder diretamente, o médico informou:

– Os exames ficaram prontos, mas nada acusaram. A partir de amanhã faremos outros exames clínicos. Tenha um pouco mais de paciência, Raul. Amanhã conversaremos melhor. Até logo!

Saiu do quarto deixando o paciente insatisfeito. Afinal, se nada existia de errado com ele, por que não lhe dar alta? Precisavam dele na empresa, e já havia ficado muito tempo parado. Assim, acabaria sendo despedido.

Mais tarde, recebeu visitas dos colegas da firma e conversaram bastante até tarde. Na manhã seguinte, começaram novamente os exames.

Como estivesse bem e insistisse para ir embora, o médico concordou:

– Está bem. Vou dar-lhe alta, desde que se comprometa a arrumar alguém para fazer o serviço da casa e cuidar da sua alimentação. Você não pode arriscar-se a uma recaída.

– Eu sei, doutor. Tenho uma vizinha que é muito prestativa e precisa de um emprego. Vou contratá-la, não se preocupe.

– Muito bem. Então, compareça ao meu consultório daqui a três dias para uma revisão. Até lá já terei recebido o resultado dos exames. Está bem? Cuide-se!

Despediram-se e Raul foi para casa. Contratou a vizinha, Leonor, e tudo voltou ao normal. No dia seguinte, retornou ao serviço, para alegria de todos.

No dia aprazado, pediu licença na empresa e foi ao consultório médico. Enquanto aguardava, folheou algumas revistas. Em uma delas, uma mensagem deixada no meio das páginas lhe chamou a atenção. Dizia o seguinte:

Em qualquer circunstância, mantenha a calma. O seu desequilíbrio emocional negativo poderá agravar-lhe a situação.

Confie em Deus e caminhe. O amparo divino nunca falta.

Se hoje surge com problemas, é sinal de que você está apto para enfrentá-los.

Não reclame e sirva sempre. Lembre-se de que outros existem em piores condições que as suas.

Seja qual for a sua dificuldade, não desanime e continue trabalhando.

Ore e conserve a fé em Deus. Por meios que você desconhece, Ele age a seu favor.

Essas frases, escritas num pequeno papel meio amassado, sem nome e sem endereço, que alguém deixara ali como que de propósito, lhe trouxeram uma certa paz interior.

Nesse instante, levantou os olhos. A atendente, gentil, o convidava a entrar. Havia chegado a sua vez.

Cumprimentou o médico e notou-o com semblante tenso. Após as perguntas de praxe, o doutor examinou-o em silêncio. Ao terminar, Raul perguntou:

– E daí, doutor, como estou? Tudo em ordem, espero.

O médico fitou-o e disse gravemente:

– Por enquanto, sim. Lamento informar-lhe, Raul, mas o exame de HIV deu positivo.

Atônito, o rapaz gaguejou, incapaz de entender direito:

– Isso quer dizer o quê?

– Que você está com aids.

– Não é possível, doutor!

– Raul, você pertence a algum grupo de risco?

– Como assim? Não estou entendendo. Estou confuso, nem consigo pensar direito.

– Você faz uso de drogas? É homossexual? Recebeu alguma transfusão de sangue ultimamente?

Naquele momento, Raul se lembrou de um fato ocorrido há algum tempo.

– Não uso drogas, mas tive um relacionamento com um rapaz.

– Há quanto tempo?

– Faz um ano. Nunca mais o vi. Havia bebido bastante numa festa e não sei direito o que aconteceu – confessou o rapaz, envergonhado.

O médico suspirou profundamente e tentou amenizar o golpe:

– Bem, provavelmente seu parceiro deveria ser portador do vírus. Não há dúvida quanto ao diagnóstico. Os exames foram muito claros. Mas, Raul, não se aflija desnecessariamente. Hoje em dia, existem remédios que, se não resolvem o problema, auxiliam poderosamente no combate ao vírus. Além disso, todos os dias surgem novas drogas no mercado. A medicina está avançadíssima e pesquisas estão sendo ultimadas com vistas à cura definitiva da doença.

O médico fez algumas recomendações, prescreveu-lhe alguns medicamentos e, ao se despedir, consolou-o:

– Lembre-se: isso não é o fim do mundo. Mantenha o bom ânimo, o otimismo e a vontade de vencer. Nesses casos, a terapia mais eficiente é o desejo de viver. Portanto, lute! Mantenha contato. A qualquer novo sintoma procure-me imediatamente.

Raul deixou o consultório médico completamente transtornado. Em sua cabeça surgiam todas as informações de que dispunha sobre a terrível enfermidade, e que eram poucas. A verdade é que nunca se interessara muito pelo assunto, julgando-o distante da sua realidade. Assim como alguma coisa que pode acontecer com os outros, nunca com a gente.

Raul caminhou sem destino até chegar a uma praça, deserta àquela hora do dia. Deixou-se cair num banco, incapaz de prosseguir.

Procurou lembrar-se das propagandas pela televisão, alertando para a necessidade de prevenção, mas não prestara atenção. O que sabia com certeza era a indiferença, a rejeição e o desprezo que os doentes de aids recebiam de toda a sociedade, inclusive da família. Eram obrigados a ficar reclusos, pelo medo de contágio que provocavam nas pessoas.

Repassou mentalmente seus relacionamentos, os amigos e colegas de serviço... Qual seria a reação deles?

O emprego! Somente agora se lembrava da empresa. Como retornar ao convívio de todos? Teria que pedir demissão. Se o patrão viesse a saber, seria despedido na certa. E como viver dali em diante? Sem recurso, sem família que se preocupasse com ele, como sobreviver? Levava vida simples, mas com certo conforto, em virtude do salário razoável que recebia. Contudo, não tinha poupanças, investimentos ou quaisquer bens que pudessem lhe valer numa hora de necessidade.

Em meio a tão aflitivas cogitações, Raul recostou a cabeça e pôs-se a chorar convulsivamente.

Não sabia o que fazer. Estava sem saída.

Nesse instante, uma ideia passou-lhe pela mente: "Vou suicidar-me. Dessa forma resolvo todos os meus problemas e paro de sofrer."

Como uma solução salvadora, começou a acalentar pensamentos destruidores, sem perceber que, ali mesmo, muito próximo, alguém velava por ele com grande preocupação. Era sua querida mãe desencarnada que, do Mundo Espiritual, procurava envolvê-lo em vibrações positivas, sem que ele se desse conta.

Cheia de emoção, a mãezinha, apreensiva pelo futuro do filho, o abraçou, misturando suas lágrimas com as dele. Ao mesmo tempo, elevou o pensamento ao Criador, suplicando-Lhe socorro através das Entidades Venerandas da Espiritualidade.

VIVER SEMPRE VALE A PENA

SOCORRO INESPERADO

"Vinde a mim todos os que estais cansados e sobrecarregados, e eu vos aliviarei. Tomai sobre vós o meu jugo, e aprendei de mim, porque sou manso e humilde de coração; e achareis repouso para as vossas almas. Porque meu jugo é suave e o meu fardo é leve."

(Mateus, 11:28 a 30)

Recebendo o chamado, procuramos nos informar sobre o caso e, em seguida, nos deslocamos até o local. Entramos. O silêncio reinava na moradia singela.

Na sala, nos deparamos com Raul, recostado numa poltrona reclinável, olhos perdidos no vazio, imerso em seus pensamentos. A seu lado, a mãezinha desencarnada, carinhosa e aflita, tentava envolvê-lo em vibrações de paz e harmonia, sem muito resultado.

Após os cumprimentos e algumas frases cordiais, procuramos nos inteirar do estado do enfermo. A mãe informou, prestativa:

– Ah! Meu pobre filho não está nada bem. Tem conservado a mente em baixo nível vibratório, o que agrava o seu estado de saúde. Pensa constantemente em matar-se, acreditando que assim vai resolver a situação.

Olhei para o rapaz, encolhido na poltrona. Seu aspecto era frágil e doentio. Manchas escuras na pele, os cabelos ralos, mostravam o avanço da enfermidade. Enchendo-me de compaixão, aproximei-me dele colocando a mão sobre sua fronte. Estava febril. Em seu campo energético percebiam-se miasmas espirituais tomando conta do organismo.

Os pensamentos surgiam nítidos à nossa visão:

"Não tenho saída. Não tenho ninguém com quem eu possa contar. Mais dia, menos dia, ficarei sem emprego e não terei como me sustentar. Os medicamentos são caros. O médico referiu-se a uma droga americana que é bastante eficaz no controle da doença, mas seu custo é altíssimo! Como pagar?"

Fez uma pausa, enquanto os olhos se encheram de lágrimas amargas e prosseguiu:

"Além disso, se Leonor desconfiar do meu estado, e isso não demorará a acontecer, ficarei sem alguém para me ajudar em casa. E ninguém irá aceitar trabalhar para um aidético. E, mesmo que aceite, não poderei pagar por seus serviços."

Cheio de medo, repassava seus problemas pela milésima vez, analisando cada um particularmente e concluindo, decidido:

"Não tenho outra saída. Somente a morte me trará paz e tranquilidade. Como enfrentar meu patrão, os colegas, os amigos? Como me sustentar sem trabalho? Como saldar os compromissos assumidos?!... Sim, somente a morte será a benfeitora maior, libertando-me desta vida de sofrimentos. Mas como fazer isso?"

Nesse momento, sob nossa observação atenta, olhou o teto da sala, onde não existia forro, viu as grossas vigas do madeiramento que sustentavam o telhado e resolveu que se enforcaria utilizando uma corda, ou mesmo um lençol.

Ricardo, Mônica e eu nos entreolhamos. Precisávamos agir rápido.

Pedindo a cooperação da mãezinha ali presente, Dona Gertrudes, iniciamos a aplicação de energias balsamizantes em Raul, elevando os pensamentos ao Criador e buscando recursos nas fontes inesgotáveis da Espiritualidade Maior, a benefício de nosso irmão.

Quase de imediato ele se tranquilizou, enquanto lhe dizia ao ouvido:

– Tenha paciência, Raul! Nossos problemas têm raízes muito profundas que desconhecemos, mas Deus é Pai misericordioso. Não comprometa seu futuro com atitudes que irá deplorar amargamente mais tarde. Confie em Jesus, nosso Celeste Amigo e Companheiro de todas as horas. Deixe-se embalar pela oração. Eleve seu pensamento a Deus e será beneficiado. Confie!...confie!...

Mais sereno, inconscientemente assimilou as palavras que eu lhe transmitia, modificou o tônus vibratório e esqueceu os pensamentos depressivos que vinha acalentando. Logo depois entrou em branda sonolência, experimentando um bem-estar que há muito tempo não sentia.

Era hora de tomarmos as providências que o caso exigia. Dirigi-me à agradecida mãezinha, que nos fitava sorridente:

– Dona Gertrudes, por ora tudo está sob controle. Precisamos sair agora. Por obséquio, fique de plantão e nos avise imediatamente se a situação se modificar. Mônica lhe fará companhia.

– Não se preocupe, Eduardo. Ficarei junto ao meu filho, velando seu sono, e poderei aproveitar o tempo para estreitar amizade com Mônica. Podem ir sossegados.

Saímos. Precisávamos de lugar tranquilo para conversar.

Dirigimo-nos ao Centro Espírita da cidade, sabendo que lá encontraríamos a ajuda que buscávamos. A prática nos mostrara que lá era o local para obtermos sempre as informações necessárias nos atendimentos socorristas.

Ricardo e eu fomos recebidos com fraternal cordialidade pelo dirigente espiritual da Casa, que se colocou à nossa disposição. Explicando-lhe o caso, indaguei:

– Desejaria saber, meu irmão, se entre as pessoas que se relacionam com Raul existe alguém em condições de servir de ponto de apoio na ajuda ao nosso amigo.

A entidade pensou um pouco e respondeu, com gesto afirmativo:

– Sem dúvida. Há uma moça que trabalha com Raul na empresa. Ela frequenta o grupo de jovens da nossa Casa e é pessoa bastante sensível; não se negará a colaborar. Chama-se Gabriela.

Satisfeitos, agradecemos a informação e nos deslocamos até a loja de implementos agrícolas. Não foi difícil localizar a jovem entre os empregados, que não eram muitos. Atendia no balcão com eficiência e gentileza, mantendo sempre um sorriso nos lábios.

Experimentei imediata simpatia pela moça sorridente, de olhos lúcidos e expressivos. Num dos intervalos dos atendimentos, aproximamo-nos e lhe sugerimos fazer uma visita ao colega enfermo. Parando por momentos o que estava fazendo, Gabriela anotou mentalmente nossa sugestão, pensando: "Quando sair do serviço irei até a casa de Raul. Coitado! Parece que ainda não está nada bem. Como não pensei nisso antes?"

Eu e Ricardo trocamos um olhar de entendimento, satisfeitos. Dera certo. Agora, era só esperar.

Retornamos à casa de Raul. Ele ainda dormia placidamente, recuperando-se do desgaste orgânico.

Dona Leonor entrou na sala, aproximou-se de Raul e pigarreou. O rapaz abriu os olhos sem saber direito o que estava acontecendo.

– Senhor Raul – disse a auxiliar, percebendo que ele estava acordado –, lamento informar-lhe que hoje é o último dia que trabalho para o senhor.

– Mas por que, Dona Leonor? Aconteceu alguma coisa? – indagou Raul, preocupado, mas intimamente reconhecendo que aquela atitude da doméstica já era prevista.

– Não, não aconteceu nada. Mas, sabe como é! Comentam... e meu marido não quer mais que eu continue trabalhando aqui.

– Comentam "o quê"?

– Bem... Dizem que o senhor está muito doente, que a doença é contagiosa e que eu preciso me cuidar. Afinal, tenho uma família. O senhor me desculpe, não gostaria de deixá-lo assim, porém...

Com aperto no coração, mas procurando não demonstrar o choque que sentira, ele a tranquilizou:

– Não se preocupe, Dona Leonor. Compreendo seu problema. Por obséquio, traga-me a carteira e acertarei nossas contas agora mesmo. Ela está na primeira gaveta da cômoda.

A empregada, acusando certo constrangimento ante a digna atitude do patrão, foi buscar a carteira e a entregou ao rapaz.

Raul pegou um pedaço de papel e fez os cálculos rapidamente. Depois, abrindo o talão de cheques, preencheu uma folha que entregou para a mulher, juntamente com os cálculos que fizera, explicando-lhe, cortês, como chegara àquela importância.

Revirando o cheque nas mãos, mais uma vez ela se desculpou e saiu, deixando o enfermo arrasado.

O cerco se fechava. Ele já esperava por isso, mas não sabia que iria começar tão cedo.

O resto do dia tentamos manter Raul em boas disposições de ânimo, o que não era fácil, porque ele não estava acostumado a elevar-se através da oração.

Passava um pouco das dezoito horas quando Gabriela chegou para visitar o doente. Ricardo foi esperá-la na saída do serviço para certificar-se de que não haveria nenhum contratempo e de que a jovem não esqueceria o que tinha planejado, sob nossa orientação.

Raul foi atender à porta, com dificuldade. Ficou surpreso ao ver a colega de trabalho, com quem não tinha relacionamento mais íntimo.

– Que prazer, Gabriela!

– Obrigada, Raul. Como vai? Vim ver você, saber como está, se precisa de alguma coisa.

Agradecido, o doente fitava a colega, feliz e surpreso. Pela primeira vez, ele a olhava direito. Era uma bela jovem, de sorriso cativante e gestos serenos. Admirando-se de nunca ter prestado atenção nela, Raul não se conteve:

– Sabe de uma coisa, Gabriela? Nunca pensei que se importasse comigo. Achava até que não gostava de mim.

– Não é verdade, Raul. Apenas nunca tive a oportunidade de me aproximar de você – respondeu com brandura.

Ele sorriu, enquanto dizia:

– Pois confesso que a achava extremamente antipática, superior, sempre com ar distante.

– Essa impressão talvez seja devida à minha timidez.

Conversaram durante um bom tempo. Trocaram ideias, falaram sobre serviço e, mais tarde, quando a moça ameaçou levantar-se para ir embora, ele suplicou:

– Não vá ainda! Sinto-me tão sozinho, Gabriela. Gostei de conversar com você. Quer tomar um lanche comigo? Dona Leonor saiu e deixou tudo arrumado.

Gabriela aceitou com agrado. Foram até a cozinha e sentaram-se à mesa, continuando a conversar. As horas passaram rápidas, sem que se dessem conta.

Despediram-se como velhos amigos, e Gabriela ficou de voltar no dia seguinte ao entardecer.

Raul esperou com ansiedade o dia passar. Como não tinha mais empregada, ficou sozinho o tempo todo. Esqueceu-se de comer, de tomar os remédios. A sonolência voltava sempre, seguida de fraqueza orgânica.

Quando Gabriela chegou, no final da tarde, encontrou Raul no escuro. Nada comera naquele dia. Estava profundamente abatido.

– O que aconteceu? – indagou, estranhando a mudança brusca que se verificara em seu estado geral.

– Estou sem empregada e não tenho quem me faça nada – explicou. – E sabe o que mais? Fui demitido da empresa.

Perplexa, Gabriela exclamou:

– Impossível! Como aconteceu isso? O Senhor Moura gosta tanto de você!

– Gostava. Quando eu era útil e aumentava seus rendimentos. Agora, percebeu que não vou poder trabalhar mais e dispensou-me.

– Mas, por quê? Logo você vai estar bom de novo. Além disso, ele não pode fazer uma coisa dessas. É ilegal!

Resolvido a colocar as cartas na mesa, Raul foi decisivo:

– Não, não vou sarar, Gabriela. Nunca mais. É bom que você saiba. Desde ontem passei a conhecê-la melhor e a estimá-la, minha amiga. Não quero causar-lhe nenhum mal. É melhor que você se afaste de mim de uma vez por todas.

– Raul, quero ficar junto de você. Também passei a conhecê-lo melhor e a estimá-lo. Não vou embora.

– Você não sabe o que está acontecendo.

– Sei e posso ajudá-lo. Ouça, Raul, as coisas não são como você pensa. Deixe-me ajudá-lo.

Ela fez uma pausa e, como ele se calasse, disse sorridente:

– Agora vou preparar um lanche para nós dois, porque pelo jeito você não comeu nada o dia todo. Estou faminta!

Gabriela foi até a cozinha e fez alguns sanduíches; bateu uma vitamina com as frutas que encontrou, colocou tudo numa bandeja e levou até onde o rapaz estava. Comeu com prazer, e ele, para satisfazê-la, comeu também.

Terminado o lanche, Raul observava discretamente sua companheira. Afinal perguntou:

– Por que você se preocupa tanto comigo?

– Porque acredito que temos que nos ajudar mutuamente!

– Acredita mesmo nisso? Se eu estivesse no seu lugar, certamente não pensaria em ajudá-la. O que a leva a agir dessa forma?

– Acredito nas palavras do Cristo quando disse que "deveríamos fazer aos outros o que gostaríamos que os outros nos fizessem."

– Ah! Não pensei que você se interessasse por religião. Também sou cristão, mas raramente vou à missa.

– Aí é que está a diferença. Acredito na religião como um caminho que realmente nos leva a Deus. Que deve modificar nossa vida para melhor e fazer com que vivamos segundo o ideal que acalentamos.

– Você é católica? – perguntou ele suavemente.

– Não. Sou espírita.

– Espírita?!... – Ele estava perplexo. – É... incrível! Sabe que nunca conheci nenhum espírita? Mas suas palavras têm alguma coisa de diferente que não sei explicar. Gostaria de conhecer algo a esse respeito. Se essa doutrina produz pessoas como você, deve ser boa.

Gabriela, vendo o interesse que ele demonstrava, pôs-se a falar sobre a realidade da imortalidade da alma, da comunicabilidade dos espíritos. Falou-lhe sobre as vidas sucessivas e sobre o uso errado do livre-arbítrio, que acarreta responsabilidades, segundo a lei de causa e efeito. Falou-lhe sobretudo de Deus, Criador do Universo e Pai amoroso de todas as criaturas.

Raul estava encantado. Uma realidade nova se descortinava à sua frente. Uma nova visão do mundo, das coisas, das pessoas e dos acontecimentos passou a dominá-lo.

– Pelo que entendi, se hoje estou sofrendo é porque causei danos a alguém no passado e Deus está me punindo?

– Não exatamente. Deus não pune ninguém. Deus é amor. Você está saldando uma dívida contraída por infração à Lei Divina. A enfermidade é o remédio, provavelmente amargo, mas que vai produzir a sua cura.

Muitas horas passaram conversando sobre esses assuntos. Gabriela despediu-se, prometendo trazer-lhe alguns livros espíritas no dia seguinte, para que ele lesse e tirasse suas próprias conclusões.

A partir desse dia, a vida de Raul se modificou sensivelmente. Antes de sair, Gabriela disse-lhe com profundo afeto:

– Não se preocupe, Raul. Estarei junto de você. Se permitir, no sábado à tarde, trarei um grupo de amigos que ficarão muito contentes em conhecê-lo.

– Nem sei como agradecer tanta bondade e gentileza.

– Agradeça a Jesus, nosso Amigo Maior. Também percebo que você tem dedicados amigos na Espiritualidade. Inclusive sua mãe, também aqui presente, procurando ajudá-lo.

– Minha mãe?!... Como sabe?

– Eu a vi a seu lado, desde ontem.

– Ah!... é verdade? Então ela continua a preocupar-se comigo! Não estou abandonado – disse Raul comovido.

– Sem dúvida. Você tem muitos amigos. Percebi outras pessoas desencarnadas também. Jovens simpáticos e sorridentes que o estão ajudando. Por isso, mantenha o otimismo e a vontade de viver. Confie que dias melhores virão. Cultive a esperança e a fé todas as horas. Deus não desampara nenhum de seus filhos!

Enxugando as lágrimas, Raul considerou:

– Agora posso dizer que tenho esperança, mas confesso que, até dois dias atrás, antes de você aparecer aqui em casa, não via saída para minha vida. Confesso que pensei seriamente em suicídio, sentindo-me sozinho e considerando as dificuldades que iria enfrentar. Agora, compreendo que meu sofrimento de hoje é consequência de atos cometidos no passado e que preciso reparar.

– Isso mesmo. É uma oportunidade que o Senhor lhe concedeu para que se liberte da culpa e obtenha o perdão. Além disso, Raul, o suicídio é o maior crime que podemos cometer contra nós mesmos. Suas consequências são terríveis. Vou trazer-lhe um livro que trata com muita seriedade do assunto. Ele relata o sofrimento indescritível no plano espiritual daqueles que se matam. É a obra *Memórias de um Suicida*[1].

– Gostaria muito de lê-lo. Mas não se preocupe, Gabriela. Já não penso mais em desertar da vida. Não agora que conheci você.

Ricardo, Mônica e eu estávamos satisfeitos e emocionados com a mudança que se operara no caso.

Desse dia em diante, Raul modificou seu modo de ser. Consciente de que pensamento é força, passou a vibrar de forma positiva, auxiliando-se poderosamente na manutenção e restauração das condições orgânicas.

---

[1] Obra de Camilo Cândido Botelho, psicografada por Yvonne A. Pereira, Editora FEB.

O grupo de jovens do qual Gabriela fazia parte visitava-o com frequência; revezavam-se para que não ficasse sozinho, cuidavam dele, cozinhavam e limpavam a casa. Mas, sobretudo, reuniam-se lá uma vez por semana para fazer o Evangelho no Lar, ocasião em que se inundava o ambiente de fantástica luminosidade. Nesses momentos, aproveitavam para animá-lo com palestras edificantes, músicas e divertimentos sadios.

Vendo-os assim reunidos, dominava-nos um profundo sentimento de gratidão por aqueles jovens valorosos e dedicados, que, deixando de lado seus problemas, entretenimentos e prazeres, acorriam, solícitos e cheios de amor, para ajudar alguém mais necessitado.

Também foram eles que providenciaram a inscrição de Raul numa entidade beneficente de atendimento a aidéticos, para onde seria encaminhado, quando piorasse o seu estado de saúde.

Assim, Mônica, Ricardo e eu deixamos os novos amigos com a agradável sensação do dever cumprido. Graças a Deus, o amparo de Mais Alto não nos faltara e podíamos retornar para nossa cidade espiritual, certos de que tudo corria bem. Voltaríamos outras vezes para visitá-los, porque agora estavam, definitivamente, vinculados ao nosso coração.

Dona Gertrudes abraçou-nos cheia de gratidão. Permaneceria junto ao filho, sustentando-o na luta, até que o Senhor o chamasse para a Vida Maior.

O PEDIDO DE MELINA

"Não acumuleis para vós outros tesouros sobre a terra, onde a traça e a ferrugem corroem e onde os ladrões escavam e roubam; mas ajuntai para vós outros tesouros no céu, onde a traça nem ferrugem corrói; e onde ladrões não escavam nem roubam..."

(Mateus, 6:19 e 20)

Estávamos reunidos no "Abrigo dos Descamisados", após intensas e gratificantes atividades. Havíamos voltado de uma excursão instrutiva em zonas mais densas da Espiritualidade, onde toda a equipe fora visitar um posto de socorro cuja ação primordial consistia na ajuda a espíritos de suicidas.

Víramos desventurados irmãos, recolhidos na generosa Instituição, que, apesar do intenso sofrimento, não eram os mais infelizes, porque já se encontravam num leito de enfermaria, recebendo assistência de devotados e amorosos servidores do bem. Em piores condições estavam outros que ainda vagavam nos vales sombrios.

Ainda sob o impacto das cenas presenciadas, repousávamos agora, reabastecendo-nos de energia através da conversa amiga e descontraída com os companheiros.

As imagens, muito fortes e chocantes, ficariam para sempre gravadas em nossa memória. O ato tresloucado e criminoso daqueles que atentam contra a própria vida oferece, no além--túmulo, cenas pavorosas envolvendo o suicida e seu organismo espiritual danificado. Vimos criaturas nas mais diversas situações: algumas traziam o tórax aberto ou a cabeça destroçada por projéteis destruidores, de onde o sangue jorrava continuamente; outros apresentavam o pescoço intumescido e violáceo, quebrado por enforcamentos, ainda sob a impressão de terrível asfixia, com gestos aflitivos tentando livrar-se desse estado desesperador; outra parte tinha os aparelhos fonador e gástrico visivelmente comprometidos em virtude da ingestão de substâncias corrosivas, em dolorosas convulsões; outros, ainda, em braçadas descontroladas, tentavam sair da água em que se afogavam. Vimos corpos espirituais completamente desfigurados, sem qualquer coordenação, em virtude de quedas espetaculares. Muitos infelizes se atiraram sob as rodas de uma locomotiva, ficando com o corpo todo em pedaços, emendados de qualquer jeito, como imagens superpostas.

Segundo nos informaram, esse sofrimento superlativo se estende por muitos anos consecutivos, até que o infrator se despoje dos fluidos e energias vitais, mantenedores da vida e agora desnecessários. Geralmente, o suicida demora-se nesse estado o tempo que ainda lhes restava para o término da existência orgânica, tão prematuramente destruída. Quando esse prazo é excessivamente longo, e em razão de características especialíssimas a cada caso, a Misericórdia Divina funciona recambiando o faltoso para a nova encarnação, que certamente será aflitiva e dolorosa. É preferível, no entanto, que isso aconteça a permanecer o espírito muito tempo naquele estado desesperador.

Apesar do assessoramento e cuidados que nos proporcionam os responsáveis pela Instituição, envolvendo-nos em "mantos de proteção vibratória", ainda assim o impacto fora muito forte, e era preciso nos reequilibrarmos psiquicamente para esquecer as terríveis cenas. Foi um espetáculo inenarrável, porque as imagens eram acompanhadas do "choro e ranger de dentes" da mensagem evangélica. Gritos, uivos, gargalhadas satânicas, convulsões, imprecações, blasfêmias e lamentos saíam da boca dos infelizes numa confusão infernal que nos atingia diretamente, enchendo-nos de compaixão.

Gostaríamos de fazer alguma coisa por eles, mas todo o possível já estava sendo feito, sob as bênçãos de Maria de Nazaré, a Mãe dos Sofredores. Competia-nos apenas orar fervorosamente a Jesus, envolvendo-os em vibrações de amor, para que suas dores fossem atenuadas.

Agora reunidos, recordando-nos dos desventurados irmãos que conhecêramos, sentíamo-nos infinitamente gratos a Deus por não estarmos no lugar deles. Sentados na varanda, olhávamos a paisagem que se estendia à nossa frente. A grama verde, as árvores frondosas onde os pássaros gorjeavam, as flores que enfeitavam com cores e perfumes, e a brisa que soprava suave. A paz que desfrutávamos, o bem-estar que envolvia a todos, era dádiva de preço incalculável que deveríamos saber valorizar.

Outros amigos, que não haviam participado da excursão, chegaram contentes e brincalhões, ajudando-nos com sua descontração. Entre eles Carlos Alberto, Jefferson, Giovanna, Ana Cláudia, Dínio e Mauro Takeda, este um nissei que viera enriquecer o nosso grupo.

Betão, com sua voz de trovão e jeito despachado, gritou:

– Chega de tristeza! Vamos cantar!

Pegou o violão e começou a dedilhar uma melodia de ritmo alegre e envolvente. Era a nossa conhecida "Quando existe a paz":

"Deixa a porta abrir,
Deixa o sol entrar,
Jardins a reflorir,
Amor pra dar.

Quando existe a paz
Na mente e no coração,
Deus está presente
E a vida é uma canção.

Canção de paz,
De luz, de amor,   } estribilho
E a melodia sopra
Aonde o vento for."

Começamos a cantar e esquecemos da vida. Dessa música passamos para outra, mais outra e outras mais. As horas transcorreram em meio ao ambiente fraterno e amigo, sem que nos déssemos conta.

Só percebemos que o tempo passara quando amigos que iam iniciar seu turno de trabalho no hospital vieram se despedir: o Gladstone, o Nílton Mariano e a Valquíria.

No momento em que saíam, alguém chegou. Era Melina, outra companheira nossa. Foi recebida com alegria por todos; particularmente, percebi que ela não estava bem.

Peguei-a pela mão e a levei para um canto mais tranquilo do terraço. Sempre agradável e bem-disposta, desta vez Melina denotava tristeza e preocupação.

– O que se passa, minha amiga?

– Tive notícias de casa, Eduardo, e não são nada animadoras.

– O que está acontecendo? Se pudermos ajudar, você sabe que estamos à disposição.

– Vim mesmo em busca de socorro. Sei que vocês nos podem ajudar. É meu irmão. Está com problemas.

– Que tipo de problemas?

– Bem, vou contar desde o início para que você possa entender. Renato trabalha num grande banco há muitos anos e ocupa a função de caixa. Cheio de ambição, sempre pensou só em bens materiais. Após alguns investimentos malfeitos em que andou se aventurando, a conselhos de amigos, apertou-se financeiramente. Precisando de recursos urgentes para saldar certo compromisso, deixou-se envolver por sugestões das trevas. Apropriou-se de uma grande quantia em depósito no banco, pensando em repô-la o mais rápido possível, o que faria com a venda de um carro. Contudo, antes que pudesse resolver a situação, alguém deu por falta do dinheiro. Agora ele teme ser descoberto a qualquer momento.

– É lamentável, Melina. Infelizmente, seu irmão cometeu um delito e terá que enfrentar as consequências previstas na lei. Você não ignora que todos somos responsáveis pelos atos que praticamos.

A jovem pôs-se a chorar sentidamente:

– Eu sei disso, Edu, e concordo com você. Mas, ele é orgulhoso e não admite a possibilidade de ir para a prisão. Está pensando seriamente em suicídio. Tenho tentado inspirar-lhe bons pensamentos, mas Renato não me ouve. É impermeável a qualquer sugestão positiva.

Abracei a amiga com carinho tentando confortá-la:

– Acalme-se, Melina. Faremos tudo para ajudá-lo. Deus tudo pode e Maria de Nazaré tem sido pródiga conosco, enviando sempre o socorro nas horas mais difíceis. Confie.

Ela sorriu, enxugou as lágrimas e desculpou-se, mais refeita:

– Perdoe-me, Edu, o desabafo. Precisava falar com alguém. Gosto muito de Renato e sei que tem bom coração. Jamais pensou em prejudicar a quem quer que seja e sempre foi honesto e trabalhador, levando vida digna. Mas, apesar de tudo isso, está metido nessa situação até o pescoço e se encontra desesperado, exatamente porque nunca fez nada errado.

– Compreendo, Melina. De qualquer forma, não nos compete julgar ninguém. Deus é Pai e não desampara a nenhum de Seus filhos. Seu irmão será ajudado, não se preocupe.

– Acho que me deixei envolver pelas vibrações negativas do lar terreno. O ambiente lá está péssimo! Você sabe, ainda estou em fase de recuperação e manter o equilíbrio emocional não é fácil. Mas, agora estou melhor. Obrigada, meu amigo.

– Ótimo! Vamos procurar o instrutor Galeno e tomar as providências necessárias ao atendimento do seu irmão.

Pedimos licença aos amigos e saímos. Galeno recebeu-nos com a presteza de sempre. Ouviu o relato de Melina, fez algumas perguntas e, com gravidade, concluiu:

– Seu irmão Renato precisa de socorro urgente. Não temos tempo a perder.

Virando-se para mim, solicitou:

– Eduardo, reúna a equipe de plantão. Enquanto isso, consultarei nossos arquivos em busca de mais subsídios para o atendimento do caso. Partiremos tão rápido quanto possível.

Avisei os companheiros em serviço, isto é, Patrícia, Urias e Alberto. Como estivesse envolvido no caso, apesar de estar de folga, optei por integrar a equipe, juntamente com Galeno e Melina.

Reunidos, elevamos os pensamentos em oração, suplicando o amparo de Jesus à atividade socorrista. A prece, proferida por Galeno, nos tocou a todos. Erguendo a fronte, o nobre Espírito foi intermediário das nossas aspirações:

– Senhor da Vida! Nas atividades que nos entregaste por divina oportunidade de auxílio aos irmãos sofredores, com vistas à redenção e progresso de nossos espíritos, ampara-nos, Mestre Amado, para que permaneçamos firmes no cumprimento do dever.

"Não ignoramos que os maiores beneficiados somos nós, porque as ações no bem revertem em favor daquele que auxilia. Contudo, Jesus querido, suplicamos o Teu amparo para que a humildade e o desejo de servir sejam nossos companheiros constantes. Que a crítica e a reprovação jamais tisnem nossas ações, considerando que todos merecem o nosso carinho e respeito.

"Assim, Senhor, lança Teu olhar compassivo sobre nós, espíritos endividados, aos quais a Tua Misericórdia proporciona meios de laborar na Tua seara, para que sejamos sempre incansáveis servidores a Teu dispor.

"Que Maria de Nazaré, a Mãe dos Desafortunados, nos envolva com Suas bênçãos de luz e paz, dando-nos as forças necessárias para bem executar o atendimento programado e, que

Tuas lições, Mestre, sejam sempre o roteiro seguro em nossas vidas. Assim seja!"

No ambiente, saturado de vibrações dulcíssimas, vimos que a fronte do generoso amigo nimbara-se de luz, enquanto claridade celeste vertia das Alturas junto com pequeninas flores azuladas que caíam suavemente sobre nós. Estávamos emocionados.

Confiantes e reconfortados pelas energias emanadas do Alto, como resposta à oração de Galeno, partimos com destino à cidade de São Paulo.

MEDO DE SER DESCOBERTO

"A vida de um homem não consiste na abundância das coisas que possui."

(Lucas, 12:15)

Exercitando a volitação[1], rapidamente nos deslocamos em direção à Crosta planetária. Aproximando-nos da grande cidade, do alto víamos densas nuvens escuras envolvendo tudo. Uma das causas do fenômeno era a poluição ambiental atmosférica, provocada principalmente pela fumaça e gases expelidos pelas indústrias e veículos. Outra, porém, era a poluição espiritual, composta de emanações deletérias de encarnados e desencarnados. A multidão que caminhava apressada pelas vias públicas não se dava conta da chusma de entidades espirituais

---

[1] Deslocamento do corpo espiritual no meio etéreo por um processo de locomoção que dá a ideia de voo.
Elucidário de Evolução em Dois Mundos – Edições Culturesp – Piedade (SP).

de baixo padrão vibratório que as acompanhavam, nem das nuvens de miasmas que as envolviam, num sério risco para suas vidas.

A febricitante metrópole estava num dia movimentado. Caminhando apressadamente, entramos num estabelecimento bancário, lotado àquela hora do dia.

Não nos foi difícil localizar Renato, atendendo ao público no caixa. Em meio à pilha de documentos e diante da fila interminável de clientes, tentava manter a calma, mas interiormente mostrava extremo nervosismo. À nossa visão, seu organismo acusava grande desequilíbrio. Com a mente também confusa, onde os pensamentos se embaralhavam, mostrava-se Renato sem condições de lucidez para o serviço. Fazia grande esforço para concentrar-se no trabalho, de grande responsabilidade, pois qualquer falha poderia causar-lhe prejuízos de monta.

Nesse instante, entre um cliente e outro, o colega do caixa ao lado murmurou de forma que só Renato pudesse escutar:

– Ouvi dizer que, a partir de amanhã, teremos inspeção na agência.

A informação passada pelo colega, com tranquilidade e sem qualquer intenção, caiu sobre Renato com efeito de uma bomba. Sua pressão arterial subiu perigosamente, fazendo com que a vista se lhe turvasse e o estômago se contorcesse em náuseas.

Galeno, percebendo a gravidade da situação, aproximou-se mais, prestando-lhe o socorro imprescindível e chamando a atenção do vizinho, de forma que notasse o estado do colega.

– Está sentindo alguma coisa, Renato?

– Acho que foi algo que comi na hora do almoço – respondeu o interpelado com dificuldade.

Acostumado a tomar decisões rápidas em meio ao atendimento ininterrupto, o companheiro chamou alguém que ocupava uma mesa logo atrás para tomar o lugar de Renato, ao mesmo tempo em que lhe dizia:

– Vá descansar, Renato. Você não está nada bem. Fique tranquilo. Já chamei um substituto para assumir seu lugar.

Sustentado por nossa equipe espiritual, Renato procurou um local menos movimentado. O coração batia descompassado e suor álgido e pegajoso cobria-lhe o corpo. Adentrando o banheiro, inclinou-se sobre o vaso sanitário, em ânsias, devolvendo tudo o que comera no almoço.

A medida fora de capital importância, evitando-lhe comprometimentos orgânicos maiores. Mais aliviado, lavou o rosto e deixou-se cair numa cadeira, sem ânimo para nada.

Um pouco distante, sombria entidade observava tudo. Quando chegamos, afastou-se, temerosa da nossa presença. Mantinha-se, porém, interessada e atenta.

Um vigilante entrou no recinto e, notando o estado de Renato, prontificou-se a levá-lo até o departamento médico, no pavimento superior. Renato não aceitou, tranquilizando-o:

– Isso não é nada. Desnecessário incomodar o médico. Logo estarei bem. Prefiro ir para casa.

– Mas você não pode dirigir nesse estado!

– Claro. Ajude-me apenas a chegar até a porta e tomarei um táxi.

Amparado pelo colega, Renato deixou o banco e, meia hora depois, estava em casa. Nós o acompanhamos sem que ele se desse conta.

Jogou-se numa cama e fechou os olhos, imóvel, parecendo dormir. Contudo, à nossa visão, seus pensamentos fervilhavam. Estava apavorado, sentia-se acuado.

"E agora?", pensava, "o que vai ser de mim? Estão sabendo do desfalque e por isso mandaram um inspetor para a agência. Estou perdido! Serei descoberto e preso. Todos rirão de mim, da minha desgraça."

"Não, isso não vou suportar! E quando meus pais souberem? Eles que sempre foram retos, esforçando-se para ter uma vida digna, como irão enfrentar a vergonha de ver um filho ir para a cadeia?"

Em terrível desespero, Renato chorava convulsivamente.

"Não, mil vezes não. Preferível a morte. Não me apanharão vivo."

VIVER SEMPRE VALE A PENA

O infeliz rapaz, com a mente em desgoverno, procurava um meio de sair da situação que criara. Há algum tempo já vinha pensando no assunto, cuidadosamente. Decidiu-se por morrer num acidente provocado, para não causar maior sofrimento à família e manter ilibada sua reputação.

Planejaria de tal modo que parecesse o mais natural possível, para não sugerir a ideia de suicídio.

Entretanto, teria alguns dias ainda. Inspeção geralmente era coisa demorada e haveria tempo para articular direitinho os detalhes do acidente.

Entreolhamo-nos, preocupados. Melina, apreensiva, tentava acercar-se do irmão de forma que ele a percebesse.

Galeno fitou-a com carinho, afirmando:

– Melina, é inútil. Renato não está em condições de sentir sua presença no momento. Está muito ligado ao seu acompanhante espiritual, que lhe comanda as ações. Veja!

Da cabeça da sombria entidade – que também acompanhara Renato e achava-se postada a um canto do quarto –, partiam fios escuros que se ligavam à mente do rapaz estirado no leito.

O espírito obsessor não nos enxergava, mas "sentia" algo de diferente no ambiente, não conseguindo se aproximar de Renato, como era seu desejo.

Em virtude de nossas vibrações mentais mais elevadas, criávamos uma barreira, para surpresa do infeliz perseguidor, que o impedia de aproximar-se do irmão de Melina. Contudo, pela sintonia existente entre ambos, continuava a monitorá-lo à distância.

Impaciente, Melina indagou:

– Galeno, não podemos retirar esse agressor daqui?

Com serenidade, o instrutor olhou para perturbado e perturbador, considerando:

– Em primeiro lugar, Melina, é preciso saber quem é o "agressor" aqui. Você não ignora que vivemos muitas vidas e que, em cada uma delas, construímos um acervo de experiências, criamos afetos e desafetos com nossas atitudes.

Fez uma pausa, avaliando o efeito de suas palavras, e prosseguiu:

– Neste caso – apontou para os implicados –, o agressor é Renato, seu irmão. O outro é a vítima de ontem, hoje arvorado em perseguidor por muito ter sofrido.

Melina abaixou a cabeça, desapontada.

– Já estudamos isso, querido amigo, mas, quando estamos envolvidos emocionalmente com o problema, esquecemo-nos de tudo, perdendo a condição de analisá-lo com imparcialidade.

– É natural, Melina. O desejo de proteger nossos entes queridos nos leva a uma perspectiva equivocada da situação.

– Então, o perseguidor, isto é, a vítima do passado, não poderá ser retirada de junto de Renato?

– Precisamos exercitar a caridade cristã, minha amiga. É imprescindível agir sempre com todo amor e respeito, atendendo-lhe às necessidades mais urgentes e convencendo-o de que precisa aprender a perdoar. Só assim seu irmão ficará realmente livre do problema.

Havíamos observado o suficiente. Era hora de entrarmos em ação.

Rodeando o leito, elevamos os nossos pensamentos a Deus, enquanto Galeno, profundamente concentrado, postou-se à cabeceira do rapaz, impondo-lhe as mãos sobre a cabeça. Víamos que, à medida que Galeno trabalhava, matéria escura e pegajosa ia sendo retirada do corpo de Renato. Depois, o assistente aplicou-lhe energias reconfortantes que fluíam, luminosas, de suas mãos.

Após alguns minutos, Galeno deu por finda a operação. O rapaz serenava, experimentando grande bem-estar. Como consequência, entrou em branda sonolência. Percebíamos agora Renato-Espírito, meio desprendido do corpo físico, igualmente adormecido.

Deixamos o quarto e fomos para a sala. Precisávamos conversar. O instrutor dirigiu-se à nossa amiga:

– Enquanto Renato se recupera através do sono, vamos agir. Agora é a sua vez, Melina. Terá a oportunidade de ajudar seu irmão como tanto deseja.

– Eu?!... O que posso fazer? – indagou, admirada.

– Como irmã de Renato, você vai fazer-lhe uma visita. Concentre sua vontade no objetivo de ajudar e aja como se estivesse chegando neste instante. Aproxime-se do adversário de Renato e converse com ele com amor.

A jovem mostrava-se um pouco tensa e insegura:

– Mas, o que vou fazer? O que posso dizer?

Galeno colocou a mão sobre seu ombro, transmitindo-lhe serenidade.

– Não tema. Estaremos juntos. Fique tranquila e não se preocupe. Deixe a conversa fluir naturalmente.

Melina saiu do apartamento e, no corredor, respirou fundo, concentrando sua vontade no objetivo de se fazer visível, intimamente suplicando ajuda do Alto. Em seguida, tocou a campainha.

O obsessor veio abrir, surpreso:

– O que deseja? – indagou.

Tentando conter a emoção, Melina disse, gentil:

– Olá! Boa tarde. Este é o apartamento de Renato, não é? Vim fazer-lhe uma visita.

– Impossível. Ele está sob minhas ordens e não recebe ninguém. Além disso, está dormindo – resmungou a entidade com voz soturna.

– Por favor! – suplicou Melina. – Há muitos anos não o vejo. Só agora tive permissão de aproximar-me dele. Por favor! Prometo ao senhor que não vou interferir em nada. Só desejo vê-lo. Nada mais. O que pode haver de mal nisso?

Falava com tamanha brandura e sinceridade, acompanhando suas palavras com cativante sorriso, que o algoz pensou um pouco, indeciso. Afinal, concluiu que uma simples visita em nada poderia alterar seus planos.

– Está bem – concordou com maus modos. – Entre, mas seja rápida. Dou-lhe cinco minutos apenas.

A moça agradeceu efusivamente e entrou, acompanhada de perto pela entidade.

– Meu nome é Melina. E o seu?

– Salviano – respondeu ele a contragosto.

– Ah! Salviano, nem sei como agradecer sua gentileza. O que o senhor faz aqui? É amigo dele?

– Não é da sua conta, moça. Entrou para ver esse cara aí. Veja e desapareça. Não quero estranhos aqui.

Melina aproximou-se do irmão que dormia, fitando-o cheia de piedade.

– Renato não me parece muito bem.

O obsessor soltou uma gargalhada satânica, informando:

– Isso não é nada. Vai piorar ainda mais. Esse miserável não merece viver.

Melina mostrou-se interessada:

– Sente-se aqui comigo, Salviano. Conte-me tudo. Porque o odeia tanto?

Lançando um olhar enviesado, ele resmungou:

– Você é muito curiosa, moça. Por que tantas perguntas?

– Porque estou começando a gostar do senhor. Sinto que é uma pessoa boa, sensível, e acho que deve ter sofrido muito nas mãos de Renato, não é?

Fitando o encarnado adormecido, com expressão feroz, respondeu cheio de rancor:

– É isso mesmo. Sofri muito. Muito. Esse canalha aí que você está vendo, que parece tão inocente e inofensivo, destruiu minha vida. Por isso eu o odeio e não descansarei enquanto não pagar tudo o que me deve.

– Quando foi isso?

– Há muito tempo. Mas não esqueci, não. Durante anos, o procurei incansavelmente até que o encontrei morando em outro lugar e com outra "roupa". Mas é ele mesmo! O mesmo miserável, ambicioso e egoísta.

– Quer me contar o que aconteceu? Talvez desabafar lhe faça bem – ela sugeriu suavemente.

A entidade sofredora fitou Melina com estranheza:

– Você é a primeira pessoa, em muito tempo, que se interessa por meus problemas.

Fez uma pausa, pensou um pouco e começou a relatar:

VIVER SEMPRE VALE A PENA

– "Naquela" época eu era rico e tinha muito poder. Ele queria me destruir. Tinha inveja da minha posição na corte. Convenceu nosso rei de que eu era um traidor e de que o estava roubando. O soberano não teve dúvidas. Tirou-me todos os bens e, não contente com isso, condenou-me à morte. Minha família ficou na miséria e meus entes queridos foram escravizados. Depois da minha morte, ainda convenceu o rei a dar-lhe minha filha de presente, conspurcando-lhe a honra. Por isso, eu o tenho odiado desde então. Minha vingança, porém, está próxima. Logo o desgraçado estará em minhas mãos e, aí, não terei piedade!

Melina observava-o atentamente, enquanto narrava sua história. Aquele homem que tinha à sua frente, que a princípio achara horripilante, já não lhe parecia tão feio e assustador. A expressão animalesca, os olhos injetados e coruscantes, a voz trovejante e cavernosa, as mãos em garras, já não a impressionavam. À medida que ele falava, passou a ver nele apenas alguém que o ódio enlouquecera, uma pessoa profundamente sofredora e necessitada de ajuda.

– Ah! Meu amigo, que triste história a sua. O senhor tem toda razão para não gostar dele. Mas deve ser muito duro ter que conviver com o próprio algoz. E a sua família, onde está?

– Não sei. Nunca mais vi nenhum dos meus entes queridos.

– Gostaria de vê-los?

– Claro! Mas não tenho tempo para pensar nisso agora. Antes preciso completar minha vingança.

– Quer dizer que você prefere ficar ao lado do seu inimigo a ver seus familiares? Não posso acreditar!

– É por eles que estou aqui executando minha vingança. Quando terminar, poderei procurá-los. Isso é mais importante.

– Mais importante do que sua família?

O espírito parecia confuso e torcia as mãos. As palavras de Melina, suas colocações, o atingiam muito mais fundo do que gostaria de admitir. Ela prosseguiu, percebendo que ganhava terreno:

– Por que não deixa a justiça por conta de Deus, Salviano? O senhor, que tanto sofreu, merece ser feliz. Gostaria muito de ajudá-lo.

Aos poucos Melina ia se envolvendo com a situação do pobre espírito, deixando suas emoções aflorarem. Real desejo de socorrê-lo passou a dominá-la. Já não pensava em Renato e nos seus problemas. A situação de Salviano era infinitamente pior. Como deveria ter sofrido durante esses séculos!

De repente, sentiu-se muito próxima dele, desejando abraçá-lo, acariciá-lo, enquanto lágrimas lavavam-lhe o rosto.

Dominada por estranha sensação que a inundava de afeto, buscou Galeno com os olhos, aguardando uma explicação para a catadupa de sentimentos que a haviam tomado de assalto.

– Sim, Melina, você tem tudo a ver com essa história. Foi filha de Salviano naquela encarnação. Compreende agora por que sua participação era importante?

Bastou isso para que o véu das lembranças se rompesse totalmente.

Num impulso, a jovem jogou-se nos braços da entidade que ali estava, exclamando:

– Papai! Meu papaizinho! Afinal estamos juntos. Senti tanto a sua falta!

Ao mesmo tempo em que falava, Melina se ia transfigurando aos olhos do atônito espírito e aos de nossa equipe, até tomar o aspecto de uma bela criança de dez anos, loira e frágil.

Salviano fitou aquela menina, rosto emoldurado por duas tranças de cabelos loiros, olhos cor de mel e sorriso ingênuo. Abraçou-a, chorando copiosamente, sem poder acreditar em tamanha felicidade.

– Era você mesma, filhinha, que aqui estava e não a reconheci! Que saudade! Não me deixe mais, filhinha! Não me abandone, Valéria!

– Não, papai, nunca mais! Estaremos sempre juntos. Venha comigo.

Ainda em dúvida, entre o amor e o desejo de vingança, Salviano fitou Renato adormecido.

– Mas, e ele?

– Deixe-o, papai. Ele saldará seus débitos para com a Justiça Divina, tenha certeza. Não se comprometa mais. Procure esquecer o que passou, não guarde mágoas no coração. Aprenda a perdoar. Nada acontece por acaso, papai. Tudo tem uma razão de ser, e seu sofrimento tem raízes num passado ainda mais distante. Não se preocupe com isso agora. Com o tempo, se lembrará de tudo.

Ainda confuso, o atônito espírito olhava a filha com amor.

– Você está tão linda! Não mereço esta felicidade. Veja no que me transformei. Sou um monstro!

– Era, papai. Observe-se melhor e verá que seu aspecto já não é o mesmo de antes.

Salviano lançou os olhos sobre seu próprio corpo e só então viu que grandes mudanças haviam ocorrido. Ao mesmo tempo, ria e chorava de contentamento.

– Viu? Bastou sair daquele baixo padrão vibratório e fixar o pensamento em lembranças de épocas mais alegres para alterar seu aspecto para melhor. Não se preocupe, papai. De agora em diante, sua vida será diferente. Irá para um lugar muito bonito e seremos felizes.

Foram cercados pela nossa equipe, que, em sua totalidade, estava emocionada com a cena comovente a que acabara de assistir. Salviano, que agora percebia nossa presença, quis saber:

– Quem são esses jovens risonhos que aqui estão?

– São meus amigos, papai!

Melina apresentou-nos um por um. Após os abraços, manifestamos nosso contentamento pelo feliz desfecho da ação socorrista.

Nossa companheira pediu permissão para fazer uma prece em agradecimento a Deus pela oportunidade do reencontro e pelas bênçãos recebidas.

Salviano, agora nosso amigo, denotava extremo cansaço, como é natural. Vencido pelo sono, foi conduzido a local de refazimento e assistência, ficando sob os cuidados de generosos e dedicados enfermeiros.

Melina, sensibilizada, não sabia como agradecer toda ajuda que recebera no socorro ao irmão e ao pai.

– Agora compreendo por que sentia tanta preocupação com Renato.

– Exato, Melina. Vocês são velhos conhecidos, cujo relacionamento precisa de reajuste. Deus, que é todo Amor e Sabedoria, rege com perfeição o Universo, dando a cada um de nós o necessário para nossa evolução.

– E agora?

– Bem, agora temos que continuar amparando seu irmão. Sentir-se-á melhor ao acordar, mas o problema permanece, visto que deverá enfrentar a responsabilidade pelo ato praticado.

– Irá para a prisão? – indaguei, penalizado.

– Veremos o que é possível fazer em seu benefício. Renato, apesar do seu erro, tem atenuantes. Não pretendia ficar com o dinheiro para si, apenas teve um momento de fraqueza. Além disso, pelo forte comprometimento espiritual, terá sua responsabilidade amenizada.

Com essas palavras, o coração de Melina encheu-se de esperança, e o nosso também.

Galeno sorriu e completou, enquanto ganhávamos o espaço:

– A misericórdia de Deus é infinita! Não se preocupe, Melina. Para todos os problemas há sempre uma solução, especialmente se o faltoso demonstra desejo de renovar-se.

ENFRENTANDO A RESPONSABILIDADE

"E sucedeu que, estando Ele em casa, à mesa, muitos publicanos e pecadores vieram e tomaram lugares com Jesus e seus discípulos. Ora, vendo isto, os fariseus perguntavam aos discípulos: Por que come o vosso Mestre com os publicanos e pecadores? Mas Jesus, ouvindo, disse: Os sãos não precisam de remédio, e, sim, os doentes."

(Mateus, 9:10 a 12)

Na manhã seguinte, retornamos. Galeno pedira a colaboração de dois servidores do nosso plano que atuavam nas imediações, José e Oliva, seus velhos conhecidos. Eles ficariam no apartamento tomando conta de Renato até nossa volta.

O irmão de Melina acabara de acordar quando entramos no quarto. Abriu os olhos, espreguiçando-se. Um estranho bem-estar o inundava interiormente. Tentou lembrar-se do que acontecera no dia anterior.

Não conseguiu. Reconheceu que seus problemas eram os mesmos, contudo seu enfoque da situação estava diferente.

Recordou-se do desespero que sentira na agência bancária, do pânico de ser descoberto.

Refletindo sobre isso e comparando seu estado de espírito anterior com o atual, Renato esboçou um sorriso, olhou para o despertador sobre o criado-mudo, que marcava 8h30, e considerou em voz alta:

– O que não faz uma boa noite de sono! Só pode ter sido isso. Afinal, dormi das quinze horas de ontem até agora! Dezessete horas e meia!

Lembrou-se do banco. Perdera até a hora de entrar em serviço. Resolveu que ficaria a parte da manhã em casa, indo trabalhar somente no período da tarde.

Levantou-se bem-disposto. Fez a higiene matinal, vestiu-se e foi para a cozinha. Teria que preparar o seu café. Os pais estavam viajando e só voltariam no sábado.

Colocou a água para ferver. Enquanto arrumava a mesa, voltou a pensar na situação em que se metera. Lembrou-se de que, até o dia anterior, só pensava no suicídio como meio de safar-se do problema que tanto o atormentava.

Agora, no entanto, sua disposição não era a mesma. Ainda pensava na autodestruição, mas de forma vaga. Será que não haveria mesmo outra saída? Já não tinha tanta convicção de que a morte era uma boa ideia.

A água ferveu e, dentro em pouco, um cheiro bom de café espalhou-se pelo ar. Não pude deixar de lembrar, com saudade, da casa paterna, da presença de minha mãe e dos suaves e deliciosos dias da minha infância e juventude, quando recendia todas as manhãs o aroma do café coado. Isso significava que era hora de levantar e ir para a escola.

Renato tomou sua primeira refeição e, como nada tivesse para fazer, colocou um disco. Estirou-se no sofá, enquanto a melodia suave invadia a sala.

Fechou os olhos. A lembrança da irmã falecida veio muito forte em sua mente.

"Ah! Melina, se você soubesse a falta que me faz!", pensava.

Experimentava a emoção da presença da irmã, sem saber que ela estava ali, a seu lado. À evocação do rapaz, Melina acercou-se, com imenso carinho, e o abraçou.

Sensibilizado até as lágrimas, Renato deixou que o coração falasse mais alto e pôs-se a conversar com a irmã mentalmente, como se ela estivesse ali, em carne e osso, a ouvi-lo.

Percebíamos seus pensamentos com clareza:

"Ah! Melina, desde que você se foi, nunca mais fui o mesmo. Era sempre você que me ajudava, que me orientava, que me ouvia quando necessário. Apesar de ser mais nova, sempre foi mais madura e responsável, minha segunda mãe. Se você puder me ouvir, ajude-me! Estou numa enrascada tremenda e não tenho ninguém em quem possa confiar ou a quem contar meus problemas. Se você estivesse viva, seria diferente. Sei que me ouviria e tentaria ajudar-me da melhor forma possível. Mas, agora, sinto-me tão só, tão desamparado!"

Melina olhou para Galeno e ele a incentivou:

– Aproveite a ocasião, minha amiga. O momento é oportuno e ele está sensível à influenciação superior. Fale com o coração, orientando-o e acordando-o para a responsabilidade.

A jovem sentou-se no sofá, delicadamente colocou a cabeça do rapaz no seu regaço, afagou-lhe os cabelos e iniciou com imenso carinho:

"Renato, meu irmão, nunca estamos sós. Deus vela por nós em todos os momentos. A nossa imperfeição é que nos impede de sentir a Sua Presença Divina e a amorosa solicitude dos Seus Mensageiros."

Fez uma pausa, pareceu meditar por um momento e prosseguiu:

"Recorda-se você dos meus cuidados e atenções sempre constantes, de adolescente inexperiente, suplicando-me ajuda. Contudo, meu irmão, você recebeu, durante toda a existência, bênçãos ininterruptas, sem que tenha aprendido a valorizá-las. Teve a oportunidade de nascer numa família bem constituída e ter pais amorosos; sua infância transcorreu tranquila e sem que nada lhe faltasse; a escola, como tesouro divino, descerrou-lhes as portas do conhecimento, permitindo-lhe cursar a universidade livre de preocupações com os respectivos gastos. Nossos pais, protetores, abriram mão da nossa vidinha pacata e confortável do interior, vindo residir na capital para acompanhá-lo em seus estudos, de modo que nada lhe faltasse, sob o argumento de que eu também iria precisar de boas escolas, que a nossa pequena cidade não possuía."

Enquanto Melina falava, surpreendia-me com sua segurança e lucidez. Com o olhar procurei Galeno, um pouco mais afastado, e compreendi o que estava acontecendo. Da cabeça do nosso instrutor, mais precisamente da zona frontal, partiam fios muito tênues que se ligavam à cabeça de Melina. Através deles, Galeno transmitia-lhe inspiração. Prosseguia ela:

"Mal saído da adolescência, você foi aquinhoado com a aprovação num concurso, conseguindo emprego bom e boa remuneração. Encontrou esposa dedicada e amorosa, teve uma filha adorável, mas não conseguiu manter seu casamento. Separou-se e voltou a morar na casa paterna."

Fez outra pausa, dando-lhe tempo para refletir, e prosseguiu:

"Sei o que você está pensando. Acha que tudo o que obteve da vida foi graças ao seu próprio esforço e, segundo seu modo de entender, a Bondade Divina nada tem a ver com isso. Puro engano, Renato. Tire o véu do orgulho que empana a sua visão, meu irmão. Não fora o amparo de Jesus, sua situação seria bem diferente e talvez estivesse você hoje num hospital psiquiátrico, considerado doente das faculdades mentais."

Renato, sem entender o que estava acontecendo, recebia as sugestões mentais de forma "intuitiva", desagradavelmente surpreendido com as ideias que lhe vinham à mente e que não conseguia evitar, pois fugiam a seu controle. A análise pura e simples do que fora a sua vida, do seu comportamento, trazia--lhe imagens à tela mental que gostaria de esquecer. Contudo, Melina continuava:

"E o que fez você de todas essas bênçãos que lhe foram confiadas como talentos divinos? Dissipou-as uma a uma. Agora, encontra-se na iminência de perder o emprego e se acovarda perante a responsabilidade dos atos praticados. Acorde, meu irmão. Lembre-se de que você não é mais um garoto cujos problemas as outras pessoas resolviam. Você é um adulto, responsável e consciente dos seus atos. Se errou, não fuja à reparação. Enfrente os obstáculos que a vida lhe assinala com coragem e dignidade."

Renato, nessa altura, chorava copiosamente, exclamando:

– Mas não posso ir para a cadeia!

"Meu irmão, o que representa algum tempo na cadeia, perante sua consciência? Existe prisão maior do que a da consciência culpada? Você jamais terá paz se não saldar seu débito para com a justiça, Renato. E em hipótese alguma pense em fugir da vida pela porta enganosa e falsa do suicídio. Os sofrimentos que experimenta hoje são insignificantes comparados aos que terá se, desventuradamente, tornar-se um suicida. Antes, você ainda tinha atenuante, devido à presença de um inimigo ferrenho e implacável que procurava destruí-lo. Agora, ele tomou outro rumo; você está livre e qualquer decisão corre por sua conta e risco."

Renato, sob a sugestão mental de Melina, lembrou-se do mal-estar que sentia desde algum tempo, o medo contínuo e a sensação de estar sempre sendo vigiado. Também na tela da memória, revia uma fisionomia bestializada e odienta, de olhos faiscantes, de alguém que muitas vezes o perseguia durante a noite, em sonhos.

Melina fez nova pausa, anotando o pensamento do rapaz, e concluiu:

"Exatamente. É esse mesmo. Chama-se Salviano e foi muito prejudicado por você no passado. Ore por ele, peça-lhe perdão e, por sua vez, aprenda a perdoar, meu irmão, exercitando a caridade em todos os momentos. Esqueça um pouco de si mesmo e busque pensar no próximo. Devemos fazer aos outros o que desejamos que os outros nos façam, segundo nos ensinou Jesus. Medite bem em tudo o que eu lhe disse. Eleve seu pensamento através da oração, e não lhe faltará socorro. Estaremos sempre

VIVER SEMPRE VALE A PENA

juntos. Acima de tudo, Renato, confie em Deus, Senhor do Universo e Pai Maior de todas as criaturas."

A cena que se desenrolava diante de nossos olhos era de uma beleza tocante. A visão daquela adolescente, quase uma menina, orientando, como uma mãezinha o faria, aquele homem que beirava os trinta anos, era interessante e inusitada.

Se algum encarnado visse a cena, estranharia por certo. No entanto, para nós, espíritos desencarnados, nada havia de surpreendente nisso. A verdade é que Melina, desencarnada há pouco mais de um ano, sempre fora Espírito mais maduro e responsável do que o irmão, apesar de conservar o mesmo aspecto que tinha ao desencarnar, isto é, o de uma mocinha em pleno frescor dos dezoito anos.

Melina terminou de falar, suavemente depositou um beijo na fronte de Renato e levantou-se, indo ao nosso encontro.

Galeno mostrou seu contentamento, abraçando nossa colega com carinho, satisfeito pelo bom êxito da ação.

– E agora, o que faremos? – ela indagou.

– Só nos resta esperar que suas sugestões sejam devidamente assimiladas por nosso Renato, atingindo o objetivo. Observemos.

Renato, que se conservava estirado no sofá, pensava, já agora como se estivesse falando consigo mesmo:

"Por que estou tão preocupado com um problema que nem é tão grande assim? Errei, é verdade, e reconheço isso. Contudo, nunca tive a intenção de ficar com o dinheiro que não me pertence. Foi uma fatalidade!

Suspirou e prosseguiu, decidido:

"O melhor é enfrentar a situação como um homem."

Trocamos olhares satisfeitos, enquanto o rapaz levantava-se do sofá, deixando a sala. Voltou, meia hora depois, de banho tomado e pronto para sair. Estava com outro aspecto. Saiu e o acompanhamos.

Não demorou muito, dávamos entrada no prédio da agência bancária. Renato sabia que o gerente estaria em seu gabinete e para lá se dirigiu.

Na antessala, a secretária informou que o "chefe" estava sozinho e, um tanto temeroso, Renato entrou. Nossa equipe também, vibrando a seu favor.

Galeno aproximou-se do nosso amigo e murmurou:

– Nada receie. Confie em Jesus. Conte a verdade.

Após os cumprimentos de praxe, o gerente, que assinava alguns documentos, sem deixar o que estava fazendo, indagou:

– E então, o que o traz aqui? Algum problema no seu setor?

Renato respirou fundo e tomou fôlego, escolhendo palavras para entrar no assunto. Resolveu ir direto à questão.

– Osvaldo, preciso comunicar-lhe algo muito importante.

Pelo ar sério e compenetrado do subordinado, o gerente levantou a cabeça, largou a caneta e dispôs-se a ouvi-lo:

– Pois fale, homem. Aconteceu alguma coisa? Ah! É verdade! Soube que ontem você não passou bem. Está com problemas de saúde? Se for isso...

– Não, não. Estou bem. Foi um mal-estar passageiro. Meu problema é outro.

– Ah!...

Renato fez uma pausa, enchendo-se de coragem para prosseguir, enquanto o gerente aguardava, calado.

– Osvaldo, lembra-se daquela importância que desapareceu?

– Sim, claro!

– Pois bem. Fui eu.

– Foi você o quê?

– Fui eu que peguei o dinheiro.

Osvaldo abriu a boca para dizer alguma coisa, mas Renato o impediu:

– Não. Não diga nada. Deixe-me contar tudo primeiro. Depois você fala, pergunta o que quiser. Preciso desabafar.

E, assim, Renato relatou ao seu chefe tudo o que acontecera. Colocou tanta sinceridade nas palavras que Osvaldo convenceu-se de que ele realmente não teve o intuito de roubar a quantia. Além disso, conhecia o funcionário de longa data, eram amigos e jamais tivera conhecimento de qualquer atitude que o desabonasse.

VIVER SEMPRE VALE A PENA

Através do interfone, ordenou à secretária:

– Encontre o inspetor na agência e peça-lhe que venha até minha sala.

Quando o inspetor chegou, Renato repetiu tudo o que tinha dito ao gerente, sem omitir nada.

Como maior autoridade bancária presente, o inspetor fitou Renato friamente e considerou, como alguém que está apenas cumprindo seu dever:

– Você não desconhece a gravidade do ato que praticou. Teremos que formalizar um processo, isto é, tomar depoimentos, abrir inquérito... além disso, será afastado da função de caixa, enquanto correr o processo.

Renato concordou com um gesto de cabeça.

– Tem consciência de que jogou para o alto uma posição segura e um futuro promissor na empresa?

– Sim. Infelizmente, é verdade. Sei também que preciso devolver a importância que peguei. No entanto, não disponho agora da quantia necessária. Preciso vender meu carro e o mercado está meio parado atualmente.

– Veremos isso. Por agora, vou tomar suas declarações.

Durante algumas horas, Renato esteve trancado no gabinete do gerente, oficializando sua confissão. Quando terminou, o inspetor apresentou-lhe o documento para que assinasse, liberando-o em seguida.

O gerente, que sempre tivera muita simpatia por ele, antes que saísse do gabinete, segredou-lhe:

– Não se preocupe demasiadamente, Renato. Tudo vai se resolver. Você confessou sua culpa espontaneamente, não tinha intenção de ficar com o dinheiro, prontificou-se a devolver a quantia, reparando o dano, e, além disso – baixou a voz, comentando com certo cinismo –, quem é que, neste país onde vigora a impunidade, vai para a cadeia por roubar alguns trocados? Fique tranquilo! Além disso, vou sugerir que seja feito um parcelamento da dívida, para facilitar o recebimento do débito. Afinal, para o banco, importa que o valor seja restituído. Veremos o que se pode fazer.

Renato agradeceu a boa vontade do gerente. Estava exausto, mas aliviado.

Percorrendo os vários setores do banco, notou os colegas diferentes e sentiu uma certa perplexidade no ar. Com certeza vazara a informação e os funcionários já estavam sabendo. Notou, também, um certo alívio na fisionomia de muitos. Afinal, até então, todos eram suspeitos!

Deixando o banco, caminhou pelas ruas sem destino. Apesar de tudo, dos problemas que iria enfrentar, do desprezo dos colegas e da própria sociedade, das dificuldades econômicas para restituir a quantia, mantinha a cabeça ereta. Interiormente, reconhecia-se livre e gozava de um bem-estar que há muito não sentia.

Sua mente, que desde algum tempo estava sempre nublada, sombria, pesada, agora lhe parecia lúcida e limpa. Limpa de pensamentos deprimentes, como a ideia de suicídio que, desde algum tempo, não lhe dava tréguas.

Teve vontade de elevar o pensamento em oração e, passando defronte de uma igreja católica, entrou. Os últimos raios de sol se escoavam pelos vitrais, incidindo sobre uma imagem de Jesus crucificado, em tamanho natural, enchendo-a de luz dourada. Na paz e quietude do ambiente, deserto àquela hora do dia, ajoelhou-se e chorou.

Sentia-se intimamente sustentado e fortalecido por forças que desconhecia. Lembrou-se do colóquio que mantivera, com a irmã falecida, ainda naquela manhã, e que, agora, lhe parecia um sonho. Entretanto, algo lhe dizia que fora ela o "anjo protetor" que, mais uma vez, o socorrera. A voz de Melina, tão familiar e tão querida, ainda parecia soar em seus ouvidos. Como podia ser isso? Sabia que fora ajudado. Não sabia como, mas as mudanças que haviam acontecido na sua vida desde aquela manhã eram grandes demais para passarem despercebidas.

Notava-se algo modificado por dentro, com novas disposições. Quando tudo se acalmasse, queria fazer alguma coisa de bom e de útil. Melina lhe dissera que sempre vivera egoisticamente e tinha razão. Sempre pensara apenas em si mesmo.

VIVER SEMPRE VALE A PENA

Lembrando-se da irmã, novamente defrontou-se com o estranho fenômeno. Sentira a presença de Melina, "ouvira" suas palavras. Agora tinha certeza disso. Analisando melhor, percebia que aqueles conceitos e sugestões não eram produto da sua mente. As palavras dela não lhe saíam da cabeça.

Resolveu que procuraria se informar melhor sobre esse assunto de "almas do outro mundo". Tinha um amigo espírita que, muitas vezes, o convidara para ir conhecer o centro que frequentava, mas ele sempre se esquivara. Era de tradição católica e tinha medo de mexer com "essas coisas". Agora, contudo, era diferente. Queria obter mais informações sobre o destino daqueles que deixam a vida após a morte.

Resolveu que procuraria o amigo naquele mesmo dia, de modo a não perder mais tempo.

Na Espiritualidade, nossa equipe exultava. Especialmente Melina, que via coroados de êxito nossos esforços no sentido de socorrer seu irmão.

Abraçamo-nos, formando uma corrente, e Melina pediu permissão para fazer a prece, agradecendo a Deus as bênçãos recebidas e o término da ação socorrista. Acompanhamos suas comovidas palavras, vazadas na pura emoção de alguém que sente a plenitude do amor no cumprimento do dever:

"Senhor da Vida! Nossos corações, transbordantes de alegria, elevam-se a Ti, agradecidos pelas bênçãos que nos foram concedidas no trabalho dignificante de socorro a irmãos nossos profundamente necessitados. Por isso, Senhor, oferecemos-Te as flores do nosso amor, suplicando-Te que suas pétalas de luz alcancem os nossos queridos Renato e Salviano, envolvendo-os em emanações de paz e reconforto.

"Colocando- nos a Teu serviço, Senhor, consideramo-nos ínfimos trabalhadores da Tua Seara, indignos das oportunidades e bênçãos que temos recebido, mas confiantes e desejosos de poder continuar merecendo Tua Divina Misericórdia.

"Sê conosco, Senhor, em todos os momentos, para que erremos o menos possível, trabalhando sempre mais nas dignificantes tarefas que nos entregaste.

"Muito obrigado, Senhor! Assim seja!"

As primeiras estrelas pontilhavam o firmamento quando nos elevamos no espaço rumo a nossa cidade Céu Azul.

O SEDUTOR

"Ouvistes que foi dito: Olho por olho, dente por dente. Eu, porém, vos digo: Não resistais ao perverso; mas a qualquer que vos ferir na face direita, voltai-lhe também a outra."

(Mateus, 5:38 e 39)

Cecília caminhava pela rua, engolindo as lágrimas. Sentia-se humilhada e ferida. Seus sentimentos mais profundos haviam sido espezinhados cruelmente por um homem insensível, que a iludira com sonhos de amor e felicidade.

Era uma jovem de vinte anos, de família humilde e, desde os onze, trabalhava para ajudar na manutenção da casa. O pai, ajudante de pedreiro, nem sempre tinha serviço. Quando encontrava, recebia, porém, uma miséria. A mãe, mulher sofrida, cuidava da casa e dos três filhos menores. Assim, o sustento da família era da responsabilidade de Cecília e do pai.

Por isso, a pobre moça nunca teve uma vida alegre como as outras da sua idade, que sempre compravam alguma coisa diferente, uma roupa, um calçado, um par de brincos, um colar.

Não pôde dedicar-se aos estudos. Na época em que atingira a idade de ir para a escola, moravam num sítio, e ela começou a ajudar os pais na lavoura. Depois, mudaram-se para uma grande cidade, onde Cecília julgou que poderia, finalmente, estudar. O sonho, contudo, se desfez. Em pouco tempo, a metrópole mostrava friamente sua verdadeira face. Diante das dificuldades de seu pai em conseguir serviço, abandonou a escola na segunda série para trabalhar. Por falta de qualificações, só encontrou emprego de doméstica. Seu desejo era arrumar uma colocação numa fábrica, com carteira assinada e tudo o mais a que tivesse direito. Esse objetivo, no entanto, estava cada vez mais difícil de ser alcançado, porque o mercado de trabalho, dada a grande oferta de mão de obra, mostrava-se cada vez mais exigente. Reconhecia, porém, que trabalhar em casa de família lhe dava algumas vantagens, como ganhar roupas e calçados, que nunca teria condições de comprar, para ela e para os irmãos, além, naturalmente, das sobras de comida, muito bem-vindas. Por sinal, Cecília estava sempre razoavelmente vestida e calçada.

Para compensar, a natureza lhe concedera dotes físicos que chamavam a atenção das pessoas na rua, especialmente dos homens. De porte elegante, cabelos longos e crespos, Cecília possuía um rosto de linhas perfeitas e expressivos olhos castanhos sombreados de longas pestanas. Sua boca era bem delineada e carnuda. Com todos esses atributos, como não poderia deixar de ser, ela era constantemente assediada pelos homens.

Resistia, porém, sempre firme e digna, como uma fortaleza que se mantém incólume, apesar dos ataques. Até que, um dia, deixou-se seduzir por um amigo do patrão, homem conhecedor da alma feminina e que não raro visitava a casa onde ela trabalhava. Seu coração, jovem e ingênuo, deixou-se envolver, a princípio pelos olhares, depois pelas palavras gentis e apaixonadas do hábil sedutor.

Acreditando no amor que Abelardo dizia sentir por ela, entregou-se a ele sem reservas, cheia de esperança e de otimismo, confiante nas promessas que lhe eram feitas.

Como Abelardo ainda fosse casado, pediu a Cecília que nada contasse a ninguém sobre o relacionamento entre ambos, especialmente aos patrões, seus amigos. No tempo devido – afirmava –, ele mesmo contaria. Desejava antes separar-se da esposa, a quem não amava, para poder casar-se com ela. Afirmava-lhe que sua vida conjugal era um inferno e que não a suportava mais; que a esposa, Karina, era uma megera e que brigavam o tempo todo. Tivesse ela paciência e, dentro de muito pouco tempo, estariam definitivamente juntos e felizes.

Cecília exultava. Agora a vida tinha outro sentido, ela sentia-se alegre e bem-disposta, os olhos brilhavam de esperança. Sua situação econômica melhorara bastante e agora não lhe faltava nada. O namorado dava-lhe sempre dinheiro para ajudar em casa e comprar o que quisesse.

Entretanto, após algum tempo, o interesse de Abelardo já não era o mesmo. Quando Cecília cobrava uma definição da parte dele, dava uma desculpa, mudava de assunto e o tempo ia passando.

Certo dia, Dona Geni, sua patroa, resolveu reunir as amigas para um chá. Seu aniversário estava chegando e queria comemorar. A festa seria dali a dois dias.

Todos os preparativos foram feitos com capricho. Lá pelas dezesseis horas, as convidadas começaram a chegar, sendo recebidas com muito carinho pela aniversariante.

Cecília passava servindo chás e bolos, tortas e refrigerantes. Transitando de um lado para o outro, não podia deixar de ouvir as conversas das senhoras. Karina, a esposa de Abelardo, também compareceu, e Cecília teve a oportunidade de conhecê-la. Cheia de ciúme, observava atentamente a mulher, que nem de longe lhe parecia a "megera" de que ele falava. Parecia-lhe até simpática e agradável, gentil e alegre.

As damas começaram a falar sobre suas vidas, seus casamentos, seus problemas e dificuldades. Em certo momento, uma delas disse:

– Acredito que, de todas nós, Karina é a única que não tem problemas conjugais. Não conheço outro casal que viva tão bem!

Karina, que levava a xícara à boca, concordou com um sorriso:

– É verdade. Abelardo e eu vivemos muito bem. Temos dificuldades como qualquer outro casal, mas nada que não possa ser superado. Ele é gentil, amável e tudo faz para agradar-me. Nossos filhos são uns amores. Enfim, somos felizes!

Cecília, que acompanhava o diálogo enquanto servia bebidas, sentiu tudo rodar à sua volta. A bandeja lhe caiu das mãos e os copos espatifaram-se no chão, esparramando refrigerante no tapete. Cheia de vergonha, a moça desculpou-se e saiu correndo da sala, seguida de perto pela dona da casa.

– O que aconteceu, Cecília? – perguntou ela.

– Não sei o que houve, Dona Geni. Perdoe-me. Que vergonha! Que vexame, meus Deus!

– Ora, essas coisas acontecem, Cecília. Não é tão grave assim. Você está muito pálida e não me parece bem. Vá para casa. Levarei as visitas para o terraço, enquanto Hortênsia limpa a sala.

Cecília agradeceu a compreensão da patroa e foi embora. Não podia acreditar em tudo o que tinha escutado. Se tivesse levado um murro na cabeça, o golpe teria sido menor. As palavras de Karina martelavam-lhe na mente, numa repetição contínua, sem lhe dar paz.

Seria possível que ele a enganara tão descaradamente? Não podia acreditar!

Naquele mesmo dia, tinha um encontro marcado com Abelardo. Ele não perderia por esperar. Teria que lhe explicar tudo direitinho. Afinal, fizera-lhe muitas promessas nas quais ela acreditara piamente.

Revia o semblante do amado, seus olhares, seu carinho, e não podia acreditar. Ele sempre lhe parecera tão sincero e verdadeiro! Teria Karina mentido diante das amigas para não expor sua intimidade?

Chegando em casa, procurou recompor a fisionomia para que a família não notasse seu estado de espírito. O pai ainda não chegara do bar. Ultimamente, desempregado, ficava no bar da esquina o dia todo, voltando para casa sempre embriagado. A mãe, na cozinha, preparava o jantar enquanto as crianças viam televisão na sala.

– Está com fome, filha?

– Não, mãe. Vou tomar um banho e depois vou me encontrar com Abelardo. Com certeza jantaremos fora.

Enxugando as mãos no avental, a mãe indagou com delicadeza:

– Filha, por que seu namorado não vem aqui em casa? Gostaríamos de conhecê-lo! De forma alguma desejamos nos intrometer na sua vida, mas, se as intenções dele são sérias, como você diz, não acha importante que ele venha conhecer nossa família?

– Já lhe disse que ele é tímido, mãe! Não gosta muito de conversa. Mas, não se preocupe, vou ver se qualquer dia desses o convenço a vir aqui em casa.

A mãe, embora não tivesse ficado satisfeita com a resposta, calou-se. Cecília não gostava que se metessem na vida dela.

Quando estava saindo de casa toda arrumada para encontrar-se com o namorado, o pai vinha chegando, trôpego.

– O senhor deveria ter vergonha, meu pai! Olha o seu estado! A mãe quer que eu traga Abelardo aqui em casa, mas nem pensar! Morreria de vergonha se ele o visse assim!

O pai fez menção de ensaiar uma desculpa, mas ela não quis ouvir. Apressou o passo. Não queria chegar atrasada para o encontro. Abelardo sempre marcava de se verem logo após as dezoito horas, antes de voltar para casa, evitando assim ter que dar explicações para a esposa. Afirmava ele que era o melhor horário, porque Karina acreditava que o marido ficava trabalhando no escritório até mais tarde.

Tomou um ônibus e logo chegou até a casinha, num bairro de classe média, que Abelardo comprara para encontrar-se com ela. Em local discreto, rua calma, ali ficavam sossegados.

Quando Abelardo chegou, ela já o esperava acomodada no sofá. Ele entrou sorridente, inclinando-se para beijá-la.

VIVER SEMPRE VALE A PENA | 165

Cecília esquivou-se e resolveu atacar logo. Quanto antes melhor.

– Hoje conheci Karina.

– Quem?!...

– Karina, sua esposa!

– Ah!...

– Ela é muito bonita e elegante. Uma mulher fina, sofisticada. Não me pareceu aquela megera de que você tanto se queixa.

– É que você não a conhece. Tudo isso é fachada.

Cecília não se deu por vencida e prosseguiu:

– Curioso! Ela me pareceu sincera! Afirmava, para quem quisesse ouvir, que era muito feliz no casamento. Só teve elogios para você!

Abelardo remexeu-se na poltrona, incomodado. Cecília notou que ele não se sentia à vontade. Estava inseguro e seus olhos não a fitavam. Revirava o copo de uísque nas mãos, e ela percebeu que ele tremia.

– Você mentiu, não é? – disse lentamente. – Mentiu o tempo todo. Enganou-me miseravelmente... tudo foi uma farsa. Por que não diz a verdade?

Sentindo-se acuado, ele reagiu como um animal. Atacou.

– O que é isso agora? Acha-se no direito de me fazer cobranças e recriminações? Sim, é verdade! Pensa mesmo que eu trocaria Karina por você? Não se enxerga? Você é uma pobre infeliz a quem dei alguns momentos de felicidade. Acha mesmo que eu me casaria com uma empregada doméstica? Além disso, tem idade suficiente para saber o que quer. Não é nenhuma adolescente e eu não a obriguei a nada.

Cecília, a princípio, ficou perplexa. Depois, incapaz de se controlar, caiu em choro convulsivo ao ver com que desprezo ele falava dela. A opinião dele a seu respeito deixou-a em choque. Era-lhe totalmente estranho o homem que ela tinha à sua frente. Um desconhecido!

Abelardo andava de um lado para o outro com passadas largas, nervoso.

– E pare de chorar porque não suporto choro! Já estava mesmo cansado desta história. Já foi longe demais. Nosso caso termina aqui.

– Abelardo! Não posso acreditar que tudo era mentira!...

– Não se faça de ingênua, benzinho. Pensa que acreditei também na farsa de boa moça? O que queria você teve: um relacionamento comigo. E foi muito bem paga por isso. Sustentei você e sua miserável família por todos esses meses. Portanto, nada tem que reclamar. Fui bastante generoso. Agora, desapareça, sua vadia! Suma da minha frente!

Pasma, incapaz de acreditar em tamanha frieza e hipocrisia, Cecília levantou-se cambaleando do sofá e dirigiu-se para a porta da rua. Antes que ela saísse, ele deu o golpe de misericórdia:

– Está esquecendo de me devolver a chave.

Nesse momento, ela se lembrou do que ele afirmara antes e resolveu enfrentá-lo:

– Mas você disse que a casa era minha, que estava em meu nome...

Abelardo não deixou que ela terminasse de falar. Soltou uma gargalhada irônica:

– Acreditou "mesmo" que comprei a casa para você? Possuo esta propriedade há muitos anos e utilizo para encontros com mulheres da sua laia.

Era o máximo do ultraje. Vermelha de cólera, Cecília abriu a bolsa e atirou a chave no chão, com nojo.

– Agora, eu é que não quero vê-lo mais, criatura infame!

Saiu correndo, debulhada em lágrimas, tentando sufocar a humilhação e a vergonha. Fora tratada como uma qualquer, como uma mulher de rua, a quem geralmente não se dispensa consideração ou respeito.

Todo o amor que sentia por ele desapareceu. No lugar desse sentimento surgiu o ódio. Um ódio terrível. Desejo de fazê-lo sofrer como ela estava sofrendo, de fazê-lo pagar pela humilhação e a vergonha daquela hora. Cheia de rancor, Cecília caminhava pelas ruas ruminando os pensamentos.

O que fazer para prejudicá-lo? Como fazer Abelardo sofrer como ela sofria agora? Passou em revista a sua vida, sempre pobre, mas digna. Ele não poderia espezinhá-la daquela forma. Absolutamente, não consentiria. Mas, o que fazer?

Andando sem destino, Cecília pensava. Reconhecia que não tinha dinheiro ou poder. Assim, teria que lutar dentro das suas possibilidades. A única coisa que realmente possuía era seu corpo, sua beleza. Só poderia contar com isso.

Lentamente uma ideia foi amadurecendo em sua mente. E se cometesse suicídio, responsabilizando Abelardo pelo seu ato? Isso mesmo! Deixaria uma carta endereçada à esposa dele, Karina, contando tudo.

Vibrou perante essa ideia. Ele nunca mais seria feliz. A mulher o abandonaria ao saber da traição. Além disso, o dinheiro, aquele dinheiro que ele usava para corromper as pessoas, era da mulher. Certa vez ouvira seus patrões comentarem a esse respeito. Ele ficaria sozinho e pobre. Pobre como ela sempre fora.

Cada vez mais a ideia tomava corpo em sua mente. Analisava com detalhes a situação, como executar o plano, prevendo todas as circunstâncias.

Foi nessa hora que soou o alarme em nossa sede. Recebendo o chamado de emergência, apressamo-nos a atendê-lo, satisfeitos pela oportunidade de servir.

ATENDENDO AO CHAMADO

"Quando quiserdes orar, entrai para o vosso quarto e, fechada a porta, orai a vosso Pai em secreto; e vosso Pai, que vê o que se passa em secreto, vos dará a recompensa."

(Mateus, 6:6)

Adentramos a casa humilde de periferia. Era noite alta e tudo estava quieto. Os moradores dormiam. Cecília ainda não chegara e Dona Edite, preocupada e insone, para não atrapalhar o sono do marido, permanecia na sala entregue às suas orações.

Ajoelhada, fronte erguida para o Alto, emitia pensamentos "ouvidos" por nós. Diante de um quadro muito conhecido de Jesus orando no horto sob um céu recamado de estrelas, tendo por fundo as luzes da cidade de Jerusalém, enviava-Lhe suas súplicas em favor da filha, que ainda não retornara ao lar. Dizia ela de mãos postas:

| 169

– Senhor Jesus, estou preocupada com minha filha. Cecília saiu e ainda não voltou. Passa das duas horas da madrugada, Senhor, e não sei o que aconteceu com ela. Nunca demorou tanto e minha aflição não tem limites.

Fez uma pausa, enxugou as lágrimas que lhe corriam pelo rosto e prosseguiu, repassando na memória os últimos dias, para ver se descobria alguma coisa:

– Minha filha não está bem, Senhor Jesus. Há algum tempo noto-a diferente, comportamento mudado. Sinto que me esconde algo, mas ignoro o que seja. Desde que começou a namorar esse rapaz, um tal de Abelardo, está estranha. Alguma coisa não bate bem nessa história. Ele ainda não veio até nossa casa e isso não é normal. Mestre, temo que minha filha esteja correndo algum perigo. Esta noite estou inquieta e tensa, trago o coração dominado por indefinível angústia, como se fosse acontecer alguma coisa de ruim. Tem piedade, Senhor, proteja nossa filha. Não permita que nada de mal aconteça a ela.

E prosseguia falando da filha e da sua importância no contexto familiar:

– Além disso, como o Senhor sabe, meu marido está desempregado, anda bebendo muito e, sem Cecília, eu e os meninos estamos perdidos. O meu serviço de lavagem de roupas rende pouco e dependemos dela para o nosso sustento. Ela é muito importante para todos nós, Senhor. Nunca pensou em si mesma. A vida inteira trabalhou duro para ajudar a família. Tem piedade, Senhor!

E Dona Edite voltava e repetia tudo de novo, continuando nas suas súplicas.

A seu lado, nós a ouvíamos cheios de compaixão. Galeno aproximou-se e, envolvendo-a com imenso carinho, falou, enquanto aplicava-lhe um passe:

– Tenha calma, minha irmã, não se desespere. Confie em Deus. Ele ouviu suas preces e nos mandou para ajudá-la. Agora, deite-se e procure dormir. Cuidaremos de tudo, fique tranquila.

Recebendo intuitivamente as sugestões do amigo espiritual, Dona Edite serenou o ânimo. Sentindo-se sonolenta, procurou o leito, mais confiante e certa de que a filha não tardaria a chegar.

Galeno, satisfeito, considerou:

– Irmã Edite merece as nossas melhores atenções. Apesar da simplicidade e da pouca cultura nesta encarnação, é Espírito de nobres qualidades morais e que já ajudou muita gente. Tem uma folha invejável de serviços prestados em nosso Plano. Agora, merece o amparo do Alto, na execução das tarefas programadas junto aos familiares, espíritos muito necessitados, com os quais criou fortes vínculos no pretérito, especialmente com o marido, tendo-se comprometido a recambiá-lo para o bem.

Logo, nossa irmã dormia profundamente, e nós, no Mundo Espiritual, colocamo-nos em ação. Era preciso atender Cecília, que se encontrava desesperada.

Localizamos a jovem numa praça no centro da cidade. Acomodada num banco, remoia seus pensamentos, fazendo planos e mais planos. A autodestruição era coisa resolvida. Passava em revista os gêneros de morte, escolhendo cuidadosamente aqueles que pudessem ser menos dolorosos e menos traumatizantes. Jogar-se de um prédio, nem pensar; ficaria toda quebrada. Atirar-se sob as rodas de um trem, também estava fora de cogitação, pelo mesmo motivo. Queria preservar sua beleza. Desejava matar-se, sem dúvida, mas o instinto de conservação, aliado à vaidade e ao orgulho da própria aparência, ainda falava mais alto. Pensou em suicidar-se com golpes de faca, mas considerou que não teria coragem. Tinha horror a sangue! Lembrou que poderia matar-se com um tiro; seria rápido e fácil, mas não possuía um revólver nem conhecia alguém que o tivesse. Pensou em enforcamento, mas vira um certa vez no cinema, e achara horrível! O personagem do filme havia cometido um crime e, julgado, foi condenado à forca; seu rosto apresentava esgares terríveis e ele teve o pescoço quebrado. Não, não era isso o que queria.

Afinal, Cecília decidiu-se pela ingestão de veneno. Seria relativamente fácil de adquirir e seu corpo não ficaria quebrado ou deformado.

Aproximamo-nos dela e ficamos observando por alguns minutos. A seu lado, dois desencarnados de baixíssima condição a envolviam com vibrações pesadas e nocivas, insuflando-lhe sugestões negativas.

Galeno, olhando por sobre o ombro, chamou nossa atenção para um grupo de transeuntes, três rapazes encarnados, de aparência estranha, vestidos à maneira *punk* que, não muito distante, observavam Cecília, interessados. Suas intenções não eram das melhores e estudavam como abordar a moça.

– Nossa amiga corre perigo! – murmurou Marcelo.

– Sem dúvida! – concordou Galeno. – Não podemos perder tempo. Marcelo e Eduardo, distraiam a atenção deles, enquanto Mônica e eu cuidamos de Cecília e de seus acompanhantes.

Distraí-los como? Nesse momento, lembrei-me de ter visto um posto policial a algumas quadras dali. Fomos até lá e sugerimos aos policiais que fizessem uma ronda pelas imediações.

Não demorou muito e vimos os rapazes, que, com certeza, teriam contas a ajustar com a justiça, em debandada, com medo da viatura. Satisfeitos, retornamos para junto de nossa protegida.

Galeno concentrou-se e, elevando o pensamento ao Alto, impôs as mãos sobre Cecília, enquanto Mônica o auxiliava permanecendo em oração, libertando-a das emanações doentias dos dois acompanhantes desencarnados. Uma massa escura e viscosa ia sendo retirada, e, à medida que a operação prosseguia, Cecília demonstrava mais consciência e lucidez. Quando Galeno terminou, as entidades, compreendendo que algo estava acontecendo e que escapava às suas percepções, afastaram-se assustadas.

Nessa hora, a viatura policial passou por ali e parou. Os policiais desceram do veículo, abordando Cecília e pedindo seus documentos.

– O que está fazendo aqui a esta hora, moça? – perguntou um deles, examinando o documento que ela lhe entregara.

Percebendo, somente então, o absurdo da situação em que se colocara, Cecília ensaiou uma desculpa:

– Saí com uns amigos e voltava para casa, quando senti um mal-estar repentino. Sentei neste banco para descansar um pouco e já me aprontava para ir embora, quando os senhores chegaram.

– Tem noção do perigo que corre andando sozinha pelas ruas desertas a esta hora da noite? – indagou o outro, devolvendo o documento.

– Sei, seu guarda, mas, como disse, já estava indo para casa.

– Quer vir conosco? Nós a levaremos.

– Não, obrigada. Estou bem agora e posso ir andando.

– Onde mora?

Cecília disse o endereço e os policiais trocaram um olhar de entendimento.

– É muito longe. Não podemos deixá-la caminhar sozinha pelas ruas, sujeita a perigos de toda ordem. Venha conosco. Nós a deixaremos na porta de sua casa, sã e salva.

Sem alternativa, Cecília obedeceu. Estava morta de vergonha. Se alguém no seu bairro a visse chegar de viatura, o que pensaria? A sorte é que era muito tarde e todos já estariam dormindo.

Em poucos minutos a viatura a deixou defronte de casa. Os policiais despediram-se dela, sugerindo:

– Da próxima vez, moça, tenha mais cuidado. Pode não ter tanta sorte!

Cecília agradeceu e entrou, aliviada. Tudo estava em silêncio.

Preparou-se para dormir e estendeu-se no leito. Pensamentos tumultuados agitavam-lhe a mente. Que noite terrível! Não percebera o tempo passar. Não se dera conta que fosse tão tarde. Ainda bem que nada lhe acontecera de mal. Por sorte, os policiais estavam com a sirene desligada, senão toda a rua ficaria sabendo que ela havia chegado de viatura. Que vexame seria!

A seu lado, nós, da Espiritualidade, sorríamos. Cecília estava em segurança, e tudo faríamos para ajudá-la a reencontrar o equilíbrio emocional, tão abalado naquela noite.

Entrementes, alguém entrou no quarto. Era Dona Edite, em espírito, liberta do corpo que deixara dormindo. Cumprimentou sorridente nosso orientador.

VIVER SEMPRE VALE A PENA

– Deus ouviu minhas preces! Agradeço-lhe, bondoso amigo, a presença em nosso lar.

Galeno abraçou-a, dizendo-lhe palavras carinhosas e confortadoras. Em seguida fez as apresentações:

– Estes são amigos e membros da nossa equipe. Marcelo, Mônica e Eduardo. Aqui estamos, com a permissão divina, em resposta às suas súplicas, para ajudar nossa Cecília.

EDITE

*"E qual pai dentre vós que, se o filho
lhe pedir pão, lhe dará uma pedra?"*

(Lucas, 11:11)

A conversa transcorria em clima agradável e fraterno. Edite-Espírito era criatura simpática e afável. Um pouco afastado, eu a observava. A figura que víamos agora nada tinha em comum com a lavadeira, mulher simples e semianalfabeta, que encontráramos ao chegar naquela casa.

Vestida com uma túnica discreta, nimbava-se de luminosidade em tom esmeraldino pálido. Expressava-se com desenvoltura, externando amplo conhecimento das coisas do espírito.

Notando a nossa perplexidade, Galeno sorriu e esclareceu:

– Vejo que estranham a aparência da nossa nobre Edite. Sei que estão curiosos e não é sem razão!

| 175

– Desculpe-nos, irmã Edite, mas sua transformação foi realmente impressionante. Não tínhamos tido ainda a oportunidade de ver tamanha mudança entre as pessoas encarnadas de nosso relacionamento – expliquei.

Galeno fitou a nossa nova conhecida e informou:

– Edite é Espírito com ampla folha de serviços prestados na Espiritualidade. Renunciou a uma posição invejável em nossa esfera para ajudar almas às quais se vinculou profunda e afetivamente no passado.

A nobre senhora, com semblante iluminado por doce sorriso e deixando perceber uma humildade que é apanágio das almas elevadas, ponderou:

– Estou longe das condições que nosso amigo Galeno, por caridade, me atribui. Na verdade, sou alguém em busca do aprimoramento moral, tentando vencer íntimas imperfeições, e que, consciente dos múltiplos débitos contraídos perante a Justiça Divina, reconhece a própria responsabilidade, procurando reparar o mal que causou a outrem.

Falava com tanta sinceridade que se emocionou, certamente lembrando-se do passado.

Marcelo, com sua delicadeza habitual, pediu:

– Senhora Edite, nas entrelinhas das suas palavras nota-se que deve ter passado por dificuldades muito grandes e de rico conteúdo educativo. Como aprendemos aqui no Plano Espiritual que todas as vivências são válidas e servem para o nosso aprendizado, gostaria de pedir-lhe que nos relatasse algo de suas experiências, se julgar conveniente e se não for muito doloroso. Creio, até, poder dizer que sou o porta-voz do grupo, ao fazer-lhe este pedido.

Os demais demonstramos nossa concordância e a gentil entidade não se fez de rogada, compreendendo que, nessa solicitação, não havia nenhum interesse menos digno ou curiosidade malsã.

Após pensar por alguns momentos, fitando um ponto qualquer ao longe, como se procurasse antigas imagens nos arcanos da memória, Edite principiou:

– Somos um grupo de espíritos muito devedores que, por séculos, revolvemo-nos na degradação e no crime. Finalmente, conscientes do mal praticado e reconhecendo a nossa necessidade de regeneração, candidatamo-nos ao renascimento no Novo Mundo, deixando a velha Europa das nossas quedas fragorosas.

"Reencarnamos em terras brasileiras no século passado, durante o reinado de D. Pedro II. De uma abastada família de fazendeiros, tínhamos muitos escravos, como era normal naquela época, em que o tráfico de seres humanos era uma realidade social. Meu marido, orgulhoso e prepotente, não tinha a menor contemplação com os pobres negros, e meus filhos cresceram imitando as atitudes paternas. Como mulher e mãe, procurava inclina-los à piedade e à compaixão cristã, mas seus corações empedernidos só conheciam a dureza e a brutalidade."

Fez uma pausa e prosseguiu:

– Vivia na fazenda uma família de escravos que, em virtude dos castigos e dos maus-tratos, nos odiava. Essa família era composta pelo casal e seus três filhos, sendo dois rapazes e o caçula, com apenas três anos de idade. Um dia, um dos jovens negros cometeu uma falta de somenos importância e que poderia ter passado sem punição, mas que ofereceu ao meu esposo e aos meus filhos, moços àquela época, oportunidade de levar o escravo ao tronco. Um deles vira o escravo olhar para a nossa filha, o que foi considerado altamente ofensivo, visto que um negro não tinha o direito de erguer os olhos diante de seus patrões. Minha filha Carla, hoje Cecília, atiçou mais o ódio existente, afirmando que o escravo sempre ficava a espiá-la pela janela do quarto, enquanto se despia.

"Foi o suficiente. O escravo Jano foi amarrado ao tronco como um animal e punido com quarenta açoites. Como se recusasse a confessar o crime, o feitor continuou a chicoteá-lo. Desesperados, o pai e o irmão mais velho da vítima suplicaram piedade, rogando pela vida de Jano. Mas, já era tarde. Além de não conseguirem libertar da morte o ente querido, também receberam castigos. Meu marido mandou amarrá-los e levá-los para a senzala, onde ficaram presos, sem água e sem alimentos, acabando por morrer à míngua, alguns dias depois, cheios de ódio e revolta. A mãe, enlouquecida de dor, foi vendida e separada do filho menor, que nunca mais viu."

Fazendo nova pausa, Edite tomou fôlego e prosseguiu:

– Como devem imaginar, adquirimos inimigos ferrenhos nessa família. Após a morte do corpo físico, passaram a nos perseguir e nunca mais tivemos paz. Meu marido ficou doente e morreu sofrendo de terríveis alucinações. Meus filhos casaram-se por interesse com mulheres ricas, mas suas vidas se tornaram um inferno constante. Minha filha desencaminhou-se, fugiu de casa e acabou a vida num prostíbulo. Aos poucos perdemos toda a fortuna, uma vez que não havia mais quem administrasse a fazenda. Promulgada a Abolição – nobre ato da nossa muito amada princesa Isabel, com o qual eu tanto havia sonhado por anos consecutivos –, ficamos sozinhos e sem condições de pagar trabalhadores para cuidar da lavoura de cana-de-açúcar e do engenho. E eu, lamentando os infortúnios, vivi da bondade de algumas pessoas que me ajudaram, dando-me um casebre para morar e impedindo que morresse de fome. Retornei para a Pátria Espiritual profundamente debilitada e amargando o fracasso das nossas existências.

– Mas a senhora não pactuou com as maldades de seus familiares! – exclamei, penalizado com sua história.

– Sim, é verdade que não pactuei com os atos de meu marido e de meus filhos, mas nada fiz para impedi-los. Estava convicta da indignidade que cometiam, pois era religiosa e considerava todas as criaturas como irmãos perante Deus. Contudo, acovardei-me e reagi fracamente. Somos responsáveis não apenas por nossos atos, mas também pelas consequências que advenham da nossa omissão. Se tivesse sido mais firme em minhas considerações, talvez fosse outro o desfecho desse drama.

Edite fez nova pausa, suspirou fundo, discretamente enxugou uma lágrima e prosseguiu:

– Assim, temos sofrido desde essa época, amargando o ódio e a vingança desses pobres espíritos. Dezenas de anos se passaram antes que meus entes queridos pudessem ser recolhidos, em triste estado, por abnegados amigos do Mundo Espiritual. Com menos responsabilidade nesses acontecimentos, recebi de Jesus a permissão de voltar à Terra com a tarefa de reeducar, à luz do Seu Evangelho, as almas afins. Por isso, renascemos sem facilidades, para aprendermos a valorizar as oportunidades da vida, lutando muito pela sobrevivência e, sobretudo, nos irmanando aos sofredores. Pois só assim teremos condições de reconhecer em cada um deles um irmão digno de respeito e de consideração, tornando-nos solidários e fraternos para com todos os deserdados do mundo.

– E os escravos? – indagou Marcelo, interessado.

– Pela incapacidade de perdoar, sofreram por muito tempo. Dois irmãos permanecem vingativos e odientos, tudo fazendo para nos levar a nova derrocada moral.

– Os espíritos que acompanhavam Cecília? – perguntei.

– Exatamente – confirmou a nobre senhora. – Um deles é Jano, que foi acusado de estar interessado em minha filha. Na verdade, eles já tiveram vínculos mais íntimos no passado, e ele a tem amado por longo tempo.

– Compreendem por que precisamos ajudar Cecília? Auxiliando-a estaremos também socorrendo a pobres irmãos nossos que muito têm sofrido – ponderou Galeno.

– Agradeço tudo o que puderem fazer por nós. Sei que Cecília é boa moça, mas se deixou envolver por um homem sem escrúpulos. Tem lutado para vencer suas tendências, mas os inimigos desencarnados tudo têm feito para destruí-la novamente, arremessando-a no abuso do sexo, como já fizeram anteriormente. Meu marido, igualmente dominado pela influência espiritual deles, deixou-se vencer pelo vício da bebida, tornando-se um alcoólatra. Meus dois filhos menores também são assediados; dormem mal e têm pesadelos constantes à noite, e durante o dia têm visões e brigam o tempo todo. Nesse ambiente conturbado, esforço-me para manter a paz doméstica e a união da família, orando sempre.

Estávamos sensibilizados. A vida de Edite era um hino de amor ao próximo. Galhardamente, nossa irmã mantinha acesa a chama da fé, sem desanimar no exercício do dever, com otimismo e certeza de dias melhores. Nossa admiração pela nobre entidade crescera muito, e contive o impulso de ajoelhar-me a seus pés.

Vencendo a emoção, Galeno nos convidou a trabalhar. Era tempo de estabelecer diretrizes e agir sem demora.

Edite despediu-se de nós externando imenso carinho. Não poderia demorar-se mais. Tinha obrigações inadiáveis a cumprir em outro lugar, aproveitando as horas de sono, mas confiava sua família à nossa proteção, certa de que faríamos o melhor em benefício de todos.

TOMANDO PROVIDÊNCIAS

"Entra em acordo sem demora com o teu adversário, enquanto estás com ele a caminho, para que o adversário não te entregue ao juiz, o juiz ao oficial de justiça, e sejas recolhido à prisão. Em verdade te digo que não sairás dali, enquanto não pagares o último ceitil."

(Mateus, 5:25 e 26)

Marcamos um encontro para a noite seguinte, quando procuraríamos reunir os implicados no caso. No momento, todos dormiam, cada qual dentro das condições espirituais que lhe eram próprias. Fizemos uma limpeza no ambiente, retirando as vibrações negativas que prejudicavam os encarnados. Tranquilos, deixamos a casa sob a vigilância de um servidor do nosso plano, criatura simples e bondosa, que prometeu nos avisar caso houvesse alguma novidade.

Galeno nos conduziu até o apartamento de Abelardo. Logo ao entrar, percebemos o que estava acontecendo. O dono da casa tentava dormir, mas, quando seu espírito ameaçava deixar o

| 181

corpo, voltava apavorado. A visão terrificante de vários inimigos desencarnados fazia com que buscasse correndo a proteção do corpo.

Arregalava os olhos vítreos, ainda guardando na retina os "monstros" que não lhe davam paz. Álgido suor empapava-lhe o pijama, enquanto batimentos cardíacos desordenados estabeleciam sério desequilíbrio orgânico.

Quase sem fala, tentou acordar a esposa que dormia a seu lado. Afinal, Karina despertou e, ainda sonolenta, viu a luz acesa e o marido naquele estado. Preocupada, perguntou:

– O que houve, Abelardo? Não está bem?

– Ai!... ai!... – gemeu ele. – Não sei o que está me acontecendo. Estou cansado e não consigo dormir. Parece-me que o quarto foi invadido por seres horríveis que me acusam de alguma coisa. Assim que pego no sono, sinto como se alguém quisesse me asfixiar e acordo em pânico!

– Ora, meu querido, você tem comido muito ao jantar e "todo mundo" sabe que uma má digestão provoca pesadelos – redarguiu ela acentuando as palavras.

– Não sei... não sei... tenho medo. Veja como meu coração está acelerado; um nó me constringe a garganta. Acho que vou morrer! Socorro! Socorro! – exclamava ele, apavorado.

Do nosso lado, as entidades perturbadoras divertiam-se com seu mal-estar, rindo galhofeiras das suas palavras e do seu pânico. Eram seis entidades de aspecto bizarro, que pareciam um bando de mendigos. Os dois negros, que conhecêramos como acompanhantes de Cecília, ali também estavam participando da confusão.

Ficamos perplexos ao vê-los, e Galeno, antes que fizéssemos alguma pergunta, elucidou:

– Nada acontece por acaso na vida, meus amigos. Todos os implicados no antigo drama, ocorrido no interior do Brasil durante o Segundo Império, estão presentes para o necessário reajustamento.

Fez uma pausa e, fitando Abelardo, que bebia um copo de água com açúcar que a esposa lhe trouxera para acalmá-lo, continuou:

– Abelardo é o feitor de outros tempos, e os espíritos que ora o assediam são criaturas que ele prejudicou e que na atualidade se vingam dos maus-tratos recebidos. Entre estes, também estão os escravos de antanho que, cheios de ódio, não lhe perdoam a prepotência e a crueldade.

Mônica, analisando a situação que tínhamos diante de nossos olhos, considerou:

– É interessante observar que as entidades vingativas, não obstante odiarem Abelardo, respeitam Karina, que parece não sofrer com a presença deles.

Galeno concordou:

– Você disse bem, Mônica. Aqui, na Espiritualidade, o princípio da afinidade realmente funciona, estabelecendo ligações e limites. Em relação a Karina, a consideração e o respeito que vocês percebem devem-se ao fato de que ela foi escrava na outra vida e também sofreu, como eles. Dessa forma, é uma amiga, não inimiga, dos adversários do marido. Sendo de condição espiritual superior a Abelardo, dispôs-se a vir como sua esposa para exercitar o perdão e ajudá-lo a reparar, em parte, o mal causado anteriormente a tantas criaturas. Vocês devem ter notado também, quando chegamos, o servidor do nosso plano que faz a vigilância da casa. Ele está aqui por merecimento de nossa irmã Karina, credora de toda ajuda do Alto em virtude de serviços prestados.

Aos nossos ouvidos era ensurdecedor o tumulto dos desencarnados. Não davam tréguas ao infeliz Abelardo, dizendo-lhe coisas assustadoras, perturbando-o e rindo, sarcásticos. Dizia um:

– Como é, Abelardo, você vem ou não vem? Olha que seu coração não vai aguentar! Sua pressão está muito alta!

– Logo você estará conosco, não tenha dúvidas. Olhe-se no espelho. Seus olhos estão injetados. Sua pele está branca como cera. Suas mãos tremem, observe! Você não tem mais que cinco minutos de vida – afirmava outro.

– Uuuuuuuuuu!... Uuuuuuuuuu!... é a morte que está chegando! – gritava outro em seu ouvido, envolvendo-o vibratoriamente num abraço e aumentando-lhe o mal-estar.

Penalizado diante do desespero do encarnado, Marcelo sugeriu:

– Galeno, não podemos fazer algo para melhorar a situação de Abelardo, libertando-o dos seus verdugos?

– Marcelo, como disse anteriormente, a lei da afinidade estabelece suas ligações por meio da sintonia. Podemos orar para melhorar a vibração do ambiente e até afastar provisoriamente esses companheiros que aqui estão. Temos condição para isso. Contudo, as vinculações geradas através do tempo não se desfazem de uma hora para outra. A verdade é que Abelardo e eles vivem em conúbio vibratório que a todos satisfaz. Nosso amigo sedutor leva uma vida desregrada, em meio a jogos de azar, bebidas e mulheres, que muito convém a seus acompanhantes. Eles o odeiam, porém, ao mesmo tempo, utilizam-se dele para obter os prazeres que procuram.

O nosso instrutor fez uma pausa significativa e prosseguiu:

– Jesus nos deu a fórmula perfeita ao ensinar que devemos nos reconciliar com o adversário, enquanto estiver conosco a caminho. Se existem ligações anteriores – e eles não estão juntos por acaso –, Abelardo só se livrará definitivamente de seus perseguidores através do perdão. Dessa forma, separá-los não será uma violência? Se Deus permitiu que ficassem juntos é para que essa proximidade possa ser útil para ambos os lados, para que uns e outros aprendam e progridam. Os obstáculos da vida, os sofrimentos e as vicissitudes são remédios de que a misericórdia divina se utiliza para reconduzir os infratores ao caminho do dever e da ordem.

Observando a cena, igualmente penalizado, Galeno nos fitou, considerando:

– Todavia, a caridade cristã sempre deve ser exercitada. O que podemos fazer no momento é dar uma trégua a Abelardo para que ele tenha tempo de se recompor física e espiritualmente.

Assim dizendo, Galeno pediu que elevássemos o pensamento em oração, aproximou-se de Abelardo, aplicou-lhe energias reconfortantes e, acercando-se de Karina, sugeriu:

– Minha irmã, Abelardo precisa de cuidados médicos. Leve-o a um hospital. Urgente!

Anotando intuitivamente as palavras do amigo espiritual, a senhora tomou uma decisão:

– Abelardo, é melhor procurarmos um médico. Vamos ao hospital.

O obsidiado acatou a sugestão da esposa, acreditando realmente que era a melhor solução.

No prazo de meia hora, deram entrada no estabelecimento hospitalar. O médico, que recebera o chamado de emergência, já os esperava. Examinou Abelardo e aconselhou internação imediata para proceder a uma bateria de exames, tendo em vista que o paciente acusava estado orgânico bastante alterado.

Na Espiritualidade, acompanhamos o casal e ficamos observando, satisfeitos, as providências tomadas na esfera corporal.

– Agora tudo estará sob controle – comentou Galeno. – Os obsessores de Abelardo não terão tanta facilidade para entrar, em vista da proteção psíquica que cerca o hospital, como local abençoado de atendimento aos enfermos. Portanto, nosso amigo gozará de algumas horas de tranquilidade, tendo ocasião de se recompor e repensar suas atitudes.

A madrugada ia avançada quando deixamos o hospital. Mais calmo, sob efeito de sedativos, Abelardo conseguira finalmente adormecer.

Por ora, nada mais nos competia fazer ali. Tudo caminhava bem. Sob a orientação de Galeno, procuramos dar sequência às atividades programadas para a próxima noite, isto é, a reunião. Cada um de nós seria responsável pela presença de um dos componentes do grupo e isso não era coisa muito fácil. Ao contrário, demandaria grande esforço de nossa parte.

ATITUDE INSENSATA

"O homem não tem jamais o direito de dispor da própria vida, porque só a Deus cabe o tirar do cativeiro terrestre, quando o julga oportuno."

(Evangelho Segundo o Espiritismo, Allan Kardec, cap. XXVIII, item 71, Boa Nova Editora)

A manhã seguinte encontrou cada componente da nossa equipe a postos no lugar que lhe fora designado para atender. Mônica permaneceria na casa de Edite; Marcelo ficaria no hospital, acompanhando o enfermo; eu estaria ao lado de Cecília durante todo o dia, enquanto Galeno cuidaria dos companheiros desencarnados vinculados ao caso.

Às sete horas despertei Cecília. Ela abriu os olhos, assustada. Olhou em torno e, como no quarto não estivesse mais ninguém, pensou: "Curioso! Tive a nítida impressão de ter ouvido alguém me chamar!"

Não podia perder a hora do serviço. A patroa era boa, mas exigente. Lembrou-se da noite horrível e de tudo quanto acontecera, com íntimo sentimento de desgosto. Apesar disso, inacreditavelmente, sentia-se repousada e tranquila.

Fiz uma oração e apliquei-lhe um passe, transmitindo-lhe energias, enquanto lhe sugeria pensamentos de otimismo, paz e confiança em Deus, de forma que iniciasse o dia sob excelentes disposições.

Assim revigorada, Cecília deixou o leito. Enquanto se arrumava, fui à sala para ver como estavam os outros componentes da família. Com exceção do chefe da casa, que, evidentemente, sofria os efeitos de uma ressaca, todos estavam bem, sob os cuidados de Mônica.

Dona Edite preparava o café na cozinha, quando vi uma cena de rara beleza e que me deixou comovido. Enquanto ela orava, da sua cabeça partiam fios luminosos tenuíssimos que, alcançando cada membro da família, eram assimilados por eles em forma de bem-estar e otimismo.

Cecília, pronta para sair, entrou na cozinha. A mãe, ao vê-la, sorriu:

– Bom dia, minha filha. Sente-se. O café está pronto.

– Não, mamãe. Não tenho tempo. Estou atrasada. Tchau!

– Tome ao menos uma xícara de chá!

– Não dá tempo! Está na hora do ônibus!

Certa de que não adiantaria insistir, Dona Edite suspirou e dirigiu-lhe palavras afetuosas:

– Vai com Deus, minha filha. Que Jesus a acompanhe! Tenha um bom dia.

Mas Cecília já não a escutava. Exatamente como ela dissera, viu o ônibus que se aproximava e correu para não perder a condução, senão chegaria muito tarde ao emprego. E eu corri também, acompanhando-a. Todas as pessoas pareciam ter tido a mesma ideia, porque o ônibus estava superlotado. E não apenas de encarnados, mas de desencarnados também, que vinham dependurados nas portas, nas janelas, no teto e nos para-choques. Se alguém pudesse vê-los, certamente ficaria impressionado.

Chegamos ao luxuoso prédio de apartamentos e entramos sem delongas. O casal encontrava-se tomando o café da manhã na copa. Cecília foi logo se desculpando:

– Perdoe-me o atraso, Dona Geni. A condução demorou e...

– Você melhorou, Cecília? – interrompeu a patroa, sem prestar atenção às suas desculpas.

Somente então a moça se lembrou do que tinha acontecido na véspera.

– Ah! sim!. Estou bem, obrigada. A senhora me desculpe também pelo vexame que dei em sua festa. Foi imperdoável!

– Não foi nada. Esqueça. Agora, por favor, traga-nos um suco de laranja e as torradas, está bem?

Cecília agradeceu mais uma vez e foi para a cozinha cumprir a ordem recebida. Poucos minutos depois, retornou com as torradas quentinhas e a jarra de suco, servindo os patrões. Enquanto isso, eles conversavam.

– Mas você disse que Karina telefonou logo cedo. O que ela queria? – indagou o marido, enquanto distraidamente passava manteiga numa torrada.

– Nem queira saber! Ela me disse que, de madrugada, precisou levar Abelardo para o hospital!

– Mas o que houve?

– Não entendi muito bem, querido. Ele passou mal e precisaram interná-lo. Mas, eu "sei" o que é isso! É essa vida desregrada que Abelardo leva. Essas "vadias" qualquer dia vão matá-lo. Sempre foi assim, desde mocinho, sem poder ver um rabo de saia! Outro dia alguém o viu com uma "dessas"! Já pensou se Karina descobre? Aliás é um verdadeiro milagre que ainda ignore o grandessíssimo malandro que o marido é. Além disso, "essas" mulheres sem escrúpulos só querem o dinheiro dele.

Cecília, que felizmente depositara a jarra de suco sobre a mesa, tremia da cabeça aos pés. Tentei aproximar-me dela, preocupado, mas correu para o banheiro, trancando a porta. E tudo aconteceu em segundos.

VIVER SEMPRE VALE A PENA

Entrei no banheiro. Vi Cecília desesperada, em prantos, cheia de vergonha pelo comentário inconsequente da patroa. Olhou-se no espelho e teve nojo de si mesma; pela entonação de Dona Geni, pareceu-lhe reconhecer uma crítica dirigida a ela, a empregada. Sentiu-se descoberta. Confusa e atordoada, abriu a porta do armário e deparou-se com um calmante de que Hortênsia, a cozinheira, fazia uso por orientação médica.

Tentei falar com ela, evitar que tomasse uma decisão drástica, mas foi inútil. Incapaz de pensar e sem condições de ouvir minhas ponderações, pegou um copo, encheu de água e ingeriu todo o conteúdo do vidro de medicamento, de uma só vez.

Foi um gesto tão rápido que nem tive tempo de procurar ajuda entre os membros da casa. Imediatamente, busquei socorro, tentando alertá-los para que se dessem conta de que algo estranho estava acontecendo naquele banheiro. Contudo, ninguém me dava atenção. Só depois de dez minutos, consegui convencer a dona da casa a perguntar pela criada.

– Hortênsia, você viu Cecília?

– Sim, Dona Geni. Está no banheiro. E faz é tempo!

Sob meu impulso, algo apreensiva, a patroa bateu na porta do banheiro. Não obteve resposta. Chamou uma, duas, três vezes e nada. Tudo estava quieto.

O marido já tinha saído para o escritório. Não poderia contar com ele. Ligou para o porteiro:

– Corra aqui, Jaime. Traga alguma coisa para derrubar uma porta. Com urgência!

– Vou correndo, Dona Geni. Mas, não se preocupe, não. Tenho uma chave mestra. Não será preciso arrombar.

– Menos mal. Mas, venha rápido!

Poucos minutos depois, o porteiro chegou e abriu a fechadura, para alívio de todos. Encontraram Cecília caída no chão, inconsciente. A seu lado, o vidro de comprimidos, vazio.

Galeno – a quem imediatamente supliquei ajuda – ouviu meu chamado e já estava presente. Sem perda de tempo, aplicamos nela energias vitalizantes para manter-lhe o organismo estável, até que recebesse socorro médico.

Dona Geni gritava, descontrolada, acreditando morta a empregada. Jaime buscou sentir-lhe o pulso e informou, para alívio geral:

– Ela ainda vive, Dona Geni. Mas o pulso está muito fraco. Precisa de socorro urgente!

Auxiliados por moradores do prédio, que surgiram atraídos pelo alvoroço, Cecília foi colocada no carro e Dona Geni levou-a ao hospital. Também nos aboletamos no veículo.

Imediatamente a jovem foi transportada numa maca para a sala de atendimento médico. Enquanto a patroa, transtornada, aguardava na sala de espera, acompanhamos nossa amiga. O médico, informado da ocorrência, procedeu a uma lavagem estomacal, mas devido ao tempo decorrido entre a ingestão dos comprimidos e o socorro médico, uma parte da substância já havia passado para a corrente sanguínea.

Na Unidade de Tratamento Intensivo, víamos o organismo de Cecília, que permanecia inconsciente, lutando pela vida. Ao mesmo tempo, Cecília-Espírito conservava-se igualmente longe da realidade, dormindo sob o efeito do medicamento.

Somente então, Galeno indagou:

– Como aconteceu, Eduardo?

Expliquei-lhe em poucas palavras como tudo tinha acontecido. A conversa que Cecília ouvira e quanto mal lhe fizeram os comentários da patroa.

– Foi tudo tão rápido! Não tive tempo para nada. Percebi o que ela pretendia fazer, mas não consegui evitar. Estava confusa e surda a qualquer sugestão do bem. Por outro lado, como é difícil encontrar quem nos ouça e secunde nos esforços socorristas! Estou arrasado, Galeno. Se Cecília vier a desencarnar, não me perdoarei – afirmava eu, sem conseguir segurar as lágrimas.

O generoso orientador colocou-me a mão no ombro e ponderou:

– Eduardo, não agasalhe ideias negativas e sentimentos de culpa. Você fez o que era possível, dentro das circunstâncias. Além disso, a responsabilidade do ato corre por conta da nossa irmãzinha Cecília, que agiu de forma desequilibrada, não sabendo controlar as emoções. Nem sequer tem a atenuante de haver sido influenciada pelos inimigos desencarnados, visto que eles estavam ausentes e ela, sozinha naquele momento. Portanto, não se culpe. Aconteceria com qualquer um de nós que estivesse no seu lugar.

Todavia na minha mente voltava de novo a imagem de Ezequiel. Lembrava-me da dor e da frustração que causara o seu desenlace. Não podia admitir que acontecesse o mesmo com Cecília.

Galeno fez uma pausa mais longa, como se ouvisse meus pensamentos, e, olhando para a jovem pálida e desfeita entre os lençóis, concluiu:

– Eduardo, busque o equilíbrio emocional. Não é hora de lembrar o passado. No caso de Ezequiel, as circunstâncias eram diferentes e, infelizmente, nada pudemos fazer. Mas a situação agora é outra. Cecília ainda vive e a hora não comporta divagações. Perante a dor, faz-se necessário calar nossas íntimas preocupações, para ajudar com acerto. Façamos o que nos compete, dentro do que nos é permitido.

Calei-me, procurando reajustar-me interiormente, compreendendo a justeza das recriminações e dispondo-me a auxiliar. Aproximando-se da paciente, Galeno estendeu as mãos sobre ela e começou a retirar elementos nocivos que lhe impregnavam o corpo. Uma massa meio leitosa, de tom acinzentado, começou a desprender-se dos tecidos orgânicos, especialmente da cabeça, onde a substância adquiria uma tonalidade mais escura.

Passados alguns minutos, Galeno deu por terminada a operação. Percebi que estava cansado pelo esforço despendido.

– Cecília se salvará? – arrisquei-me a perguntar.

– Fizemos o possível. Quanto à sua indagação, só Deus o sabe!

VOLTANDO AO PASSADO

"Aprendestes que foi dito: Amareis o vosso próximo e odiareis os vossos inimigos. Eu, porém, vos digo: Amai os vossos inimigos; fazei o bem aos que vos odeiam e orai pelos que vos perseguem e caluniam, a fim de serdes filhos do vosso Pai que está nos céus e que faz se levante o Sol para os bons e para os maus e que chova sobre os justos e os injustos."

(Mateus, 5:43 a 45)

O relógio marcava precisamente dez horas, quando os pais de Cecília deram entrada no hospital. Vinham terrivelmente aflitos e sob grande tensão.

Ao receber o aviso, Dona Edite não pôde acreditar. Estava há horas trabalhando debruçada no tanque. Já havia colocado uma parte da roupa limpa nos varais e preparava-se para lavar outro tanto, quando alguém bateu à porta. Era um mensageiro com o recado de Dona Geni para que comparecesse ao hospital, com urgência.

O coração disparou. O garoto que trouxera o recado não soube dar maiores explicações, mas era com Cecília, tinha certeza. Imediatamente, tirou o avental e foi acordar o marido, que ainda dormia. Colocou-o de pé, tirou-lhe a roupa e levou-o debaixo do chuveiro, obrigando-o a tomar um banho frio para espantar o mal-estar da ressaca, apesar dos seus protestos. Em seguida, deu-lhe de beber uma xícara de café bem forte e sem açúcar. Quando o viu razoavelmente lúcido, passou-lhe o recado da patroa de Cecília.

Saíram incontinenti. Assim que chegaram ao hospital, logo viram Dona Geni, que aguardava no saguão. Em rápidas palavras, ela os colocou a par do acontecido, tentando ao mesmo tempo tranquilizá-los:

– Cecília está bem cuidada, nas mãos de excelente médico. Não se preocupem. Ela ficará boa.

Os pais da moça se abraçaram com o coração apertado de angústia, enquanto lágrimas ardentes lhes rolavam pela face. Permaneceram calados, mentalmente procurando o motivo para a drástica atitude da filha.

Edite não tinha dúvidas de que Cecília estava com problemas com o namorado e que essa fora a causa da tentativa de suicídio. Quanto a filha não deveria ter sofrido para se decidir a um ato tão grave! Lamentava que ela não tivesse confiado na mãe o suficiente para contar-lhe suas dificuldades. Teria feito tudo para ajudar. Ao mesmo tempo, Edite elevava o coração ao Alto, suplicando a Jesus não desamparasse a filhinha nessa hora de profundo desespero.

A seu lado, o marido se remoia interiormente de remorso; sentia-se culpado pela atitude impensada da filha. Revia o momento em que chegara a casa no dia anterior e cruzara com Cecília, que estava de saída. O olhar de desgosto e desprezo da filha o havia marcado profundamente. Acreditava que ela resolvera desistir da vida por sentir-se impotente para arcar sozinha com a responsabilidade da casa. Uma vergonha muito grande o assaltou naquele momento e prometeu a si mesmo que, se a filha se salvasse, deixaria de beber e tomaria outro rumo na vida.

Bem próximos, Mônica e eu apoiávamos suas boas disposições, sedimentando-as com sugestões de otimismo, confiança e esperança no futuro.

Algumas horas se passaram antes que o médico viesse avisá-los de que Cecília estava fora de perigo. Dormia ainda, mas seu estado geral já não inspirava cuidados.

Deixou a Unidade de Terapia Intensiva e foi levada para um quarto, onde poderia estar em contato com os familiares.

Dona Geni e o esposo discretamente se despediram dos pais de Cecília, que deveriam ter muito o que conversar, e aproveitaram a oportunidade para visitar Abelardo, igualmente internado naquele hospital.

Quando contaram aos amigos o que tinha acontecido com a empregada, o enfermo corou, sentindo-se responsável pelo desespero de Cecília. A enfermidade, prostrando-o no leito, deixara-o sensível e emotivo. A possibilidade da morte, que se manifestara de forma tão inesperada e ameaçadora, fazia com que refletisse sobre a vida, analisando seus atos, seu comportamento perante os semelhantes e perante si mesmo, segundo ótica diferente. Até a ideia da existência da Divindade, que nunca lhe causara maiores preocupações, agora surgia em sua mente como uma realidade, mostrando-lhe os comprometimentos morais assumidos.

Após a saída dos amigos, Abelardo permaneceu o resto do dia entregue a si mesmo, calado. De olhos fechados para não ser perturbado, analisava o que fora a sua vida até aquele momento; como tratava a doce e compreensiva esposa que de nada reclamava; as sucessivas escapadelas noturnas; as pessoas que prejudicara, tanto homens de negócios como as mulheres, solteiras e casadas, com as quais mantivera relacionamento mais íntimo.

Com a ajuda de Galeno e de Marcelo, foi-lhe repassada, como num filme, toda a sua vida, o que lhe impôs postura diferente.

Quando a noite caiu, no quarto de Cecília permaneceram apenas Dona Edite e o Sr. Rinaldo, que pernoitariam no hospital visto não quererem apartar-se da filha. Sabiam que em casa tudo estava sob controle. Romualdo e Rogério, os filhos menores, ficaram aos cuidados de uma tia que lhes era muito afeiçoada; por isso, podiam ficar descansados.

Pouco depois da meia-noite, os participantes da reunião começaram a chegar. O encontro foi realizado nas dependências do próprio hospital, conforme decidido por Galeno; mais precisamente no quarto de Cecília, que dormia ainda.

Cada encarnado, liberto do corpo através do sono, apresentava em nosso plano diferentes níveis de consciência. Abelardo e Rinaldo, em piores condições, não tinham ideia de onde estavam. Karina apresentava maior lucidez, enquanto Edite, desenvolta e sorridente, tranquilamente conversava conosco. Também os meninos Romualdo e Rogério estavam presentes e confusos, pois não sabiam direito o que acontecia.

Os últimos a darem entrada no local foram os desencarnados na companhia de servidores do nosso plano. Ao chegarem, viram apenas os encarnados, em Espírito, e Cecília, que continuava no leito. Ficaram surpresos, pois ignoravam os últimos acontecimentos.

No horário aprazado, Galeno fez uma prece, dando iniciada a reunião. Depois, aproximou-se de Cecília, ainda adormecida. Colocou a mão sobre sua fronte e a jovem começou a se movimentar, despertando em Espírito. Olhou em torno, estranhando o local e a presença de mais pessoas.

Quando viu Abelardo, branco como um lençol, encheu-se de raiva:

– O que você está fazendo aqui, miserável sedutor? Já não basta o que me fez?

Abelardo, que desde algumas horas mantinha diferente disposição mental, assim interpelado aduziu:

– Perdoe-me, Cecília, reconheço que errei muito. Mas nunca pensei que você tentasse dar cabo da própria vida por minha causa.

Surpresa, ela arregalou os olhos:

– O que você está dizendo? Dar cabo da própria vida?

– Sim, não se lembra do que fez?

Somente então, tomando posse da realidade e recordando o que tinha acontecido, Cecília gritou, apavorada:

– Meu Deus! O que fiz? O que aconteceu comigo? Que lugar é esse? Lembro-me agora. Os comprimidos...estarei morta? Será este um tribunal divino?

Edite aproximou-se suavemente, envolvendo-a num terno abraço:

– Acalme-se, minha filha! Agradeça a Deus e aos nossos amigos espirituais não ter conseguido concretizar sua intenção, calcada na insensatez e no desespero. Mesmo porque ninguém morre nunca; a vida é eterna. O Espírito, ser pensante, é imortal e criado para a perfeição. Você foi socorrida a tempo e está num hospital, em recuperação. Entretanto, sua responsabilidade permanece, visto ter cometido um crime, atentando contra a própria vida, sublime patrimônio que o Criador nos concedeu.

Perpassando o olhar alucinado pela assistência, que ouvia atenta, Cecília viu os inimigos desencarnados e algo dentro dela se agitou, esbravejando:

– O que essas criaturas estão fazendo aqui? É tudo culpa desses seres demoníacos. São eles que me atormentam sempre, incutindo-me ideias depressivas na cabeça. Eles me odeiam e tudo fazem para me destruir. Eu os detesto!

Edite fitou carinhosamente as duas entidades que, enco-lhidas num canto, reconheciam-se culpadas porque realmente muito tinham se esforçado para que Cecília fracassasse nessa existência, e disse:

– Você não os reconhece, Cecília? E eu? Olhe bem para mim!

A jovem fitou os negros, intrigada, e virou-se para a mãe. Nesse momento, vimos que Edite se modificava aos poucos, deixando sua atual aparência e transformando-se em uma bela dama com trajes do século XIX.

Surpreendida pelo fenômeno que não conseguia com-preender, Cecília sentiu-se voltando no tempo, na época em que morava no engenho.

VIVER SEMPRE VALE A PENA

– Você... você era a minha mãe! Eles eram nossos escravos!

– Sim, minha filha. Lembre-se... volte ao passado...

Cecília reviu todo o drama daquela família de escravos, ocorrido no século passado, tomando conhecimento da sua participação ao acusar o rapaz injustamente. Viu além: através das imagens que vinham sob o influxo da poderosa vontade daquela nobre mulher, percebeu também que sua derrocada moral posterior, naquela mesma existência, era proveniente da ação desses escravos, já desencarnados, que não lhe perdoavam o mal que lhes havia causado.

Todos os implicados no drama ocorrido durante o Segundo Império voltaram igualmente ao pretérito, recordando-se dos fatos e da participação de cada um, numa catarse múltipla.

Também deixando de lado seu aspecto atual, Karina transformou-se numa sofrida mulher de pele negra.

Envergonhada, agora com o aspecto e indumentária de uma donzela do século XIX, Cecília, muito confusa, considerou, fitando a escrava:

– Não compreendo direito o que está acontecendo. Tudo está mudado. Não sei por que você, Karina, que era mãe deles, agora é a esposa de Abelardo! Contudo, reconheço que errei. Entendo como deve ter sofrido vendo sua família destruída; no entanto, sinto que me perdoou e que não guarda rancor! Como pode ser isso?!...

– Sem dúvida, Cecília. O Pai Misericordioso nos concede sempre oportunidades de saldarmos nossos débitos, através de novas existências, em que devemos procurar reparar os danos cometidos contra o próximo e contra nós mesmos. Assim, aceitei a bênção de reencarnar junto de Abelardo para ajudá-lo – considerou Karina.

– Meu pai e meus irmãos daquela época são os mesmos de agora!

Com terno sorriso, Edite confirmou:

– Exatamente. Juntos nós tentamos reconstruir hoje o que foi destruído outrora. Compreende agora por que deve perdoar?

– Compreendo. Perdoando a eles estou pedindo perdão para mim mesma pelo muito que errei.

Ao lembrar-se do ex-namorado, indagou, procurando-o com o olhar:

– E Abelardo, o que tem com essa história?

Mas não era preciso que Karina respondesse, pois ao olhar para ele, viu-o conforme era antes: um homem grosseiro, olhos maus e barba cerrada, chapéu de abas largas na cabeça, botas de cano alto e chibata nas mãos.

– Abelardo era o feitor que obedecia cegamente às ordens do patrão. Como sentisse atração por você, ontem como hoje, odiava meu filho, percebendo o interesse dele pela sinhazinha, e, por isso, esmerou-se nos castigos, dando vazão à sua agressividade e ao seu rancor.

Apoiada no braço de Edite, Cecília aproximou-se dos dois rapazes e pediu-lhes perdão por sua atitude fútil e inconsequente do passado, que tanto sofrimento lhes trouxera.

Aproximando-se também, Karina estendeu as mãos e, cheia de júbilo, finalmente estreitou nos braços os filhos do coração, há tanto tempo apartados do seu convívio.

Abraçados à mãezinha – que não tinham reconhecido na roupagem atual de Karina –, cansados daquela busca incessante de vingança e aspirando a um pouco de paz, entregaram-se às lágrimas, arrependidos das suas ações maléficas e comprometidos à mudança de vida.

Fizeram as pazes com Rinaldo, antes orgulhoso e arrogante proprietário do engenho, bem como com seus filhos, Romualdo e Rogério.

Abelardo aproximou-se dos jovens escravos, até há pouco seus perseguidores, pedindo-lhes perdão e estendendo-lhes a mão em sinal de amizade.

Todos sentiam-se enlevados e revigorados intimamente, certos de que a vida mudaria de curso e de que grande parte dos seus problemas seria resolvida após essa noite memorável.

Edite, com o coração pleno de gratidão e de amor, elevou a fronte e estendeu os braços, mantendo as mãos espalmadas para cima. Fitou o firmamento e orou com emoção, traduzindo em palavras nossos sentimentos represados no peito.

Bênçãos divinas caíam sobre toda a assistência, na forma de flocos luminosos que nos enchiam de paz e reconforto.

UM NOVO DIA

*"Buscai, pois, em primeiro lugar, o reino de Deus
e sua justiça e todas estas coisas vos serão acrescentadas."*

(Mateus, 6:33)

O novo dia surgiu com excelentes expectativas. Nossos amigos encarnados despertaram experimentando grande bem-estar. Sentiam-se plenamente revigorados em seu íntimo e com boa disposição para a melhoria de atitudes.

Satisfeitos, acompanhávamos o desenrolar dos acontecimentos que iam surgindo como consequência dos nossos esforços e do empenho da Espiritualidade Maior.

Abelardo havia-se submetido aos exames clínicos solicitados, e nada fora encontrado de anormal em seu organismo. O médico diagnosticou estresse, fazendo uma série de recomendações, entre as quais menos trabalho, mais repouso, vida ao ar livre, caminhadas, exercícios físicos moderados e paz de espírito. Prescreveu alguns medicamentos e deu-lhe alta.

Antes de deixar o hospital, Abelardo desejou visitar Cecília e pediu a opinião da esposa.

– Ótima ideia, querido! Aproveitaremos para saber se a moça está precisando de alguma coisa. Sabe como é, são pessoas humildes...

Agradecido, Abelardo abraçou Karina resolvido a mudar de vida. Desde a noite anterior ele se sentia diferente, como se lhe tivessem tirado um peso da cabeça. Reconhecia-se mais lúcido, sem a terrível pressão que o dominava há algum tempo.

Cecília ouviu discretas batidas na porta e julgou que fosse a enfermeira de plantão. Ao ver entrar Abelardo e Karina no seu quarto, ficou perplexa e sem fala.

Elegante e desenvolta, como sempre, Karina cumprimentou-a sorridente:

– Olá! Bom dia, Cecília. Como está passando hoje? Seu aspecto está ótimo!

Encolhendo-se no leito, a enferma queria que um buraco se abrisse à sua frente para poder atirar-se nele. Contudo, respirou fundo, procurando manter o autocontrole, e balbuciou um agradecimento, sem se atrever a olhar para Abelardo. Constrangida, não sabia o que dizer.

As visitas sentaram-se e Karina continuou falando e tecendo comentários a respeito do serviço hospitalar, que achara muito bom. Aos poucos, Cecília foi relaxando e conseguindo até conversar com razoável serenidade.

Observava o ex-namorado discretamente. Abelardo estava diferente, parecia ter perdido aquele ar arrogante de "dono do mundo". Tinha dificuldade em reconhecer nele o homem que, poucos dias antes, havia sido tão cruel com ela.

Abelardo, que até o momento permanecera calado, julgou que deveria também falar alguma coisa. Pigarreou e disse, à guisa de explicação:

– Cecília, eu também estava internado aqui no hospital após um mal súbito, quando soubemos o que aconteceu com você. Lamentamos muito. Antes de deixar o hospital, resolvemos visitá-la e colocar à disposição os nossos préstimos. Gostaríamos de poder ajudá-la de alguma forma. Sinceramente.

Cecília não pôde se impedir de pensar: "Mas este homem é muito cínico mesmo!"

Ela ergueu a cabeça e olhou-o de frente pela primeira vez. Realmente, ele falara com humildade, pois sua expressão parecia sincera. Mas já a enganara uma vez. Percebia que Abelardo pisava em ovos, temendo que ela o denunciasse à esposa. Tinha medo, isso era evidente.

– Está me oferecendo dinheiro, senhor Abelardo? – perguntou com uma ponta de ironia na voz.

– Absolutamente não! Estou lhe oferecendo a nossa amizade, apoio e compreensão – respondeu ele sem demonstrar que havia notado o ligeiro sarcasmo dela.

Ele fez uma pausa e prosseguiu:

– Muitas vezes na vida cometemos erros, mas devemos saber reconhecê-los e voltar atrás. Nada nem ninguém merece que soframos tanto a ponto de desertarmos da própria vida. Olhe, não sei o que houve com você, Cecília, mas posso dizer pelo que vem acontecendo comigo desde ontem. Refleti bastante sobre tudo o que fiz até hoje e reconheço que tenho agido muito mal. E essa tomada de consciência, o reconhecimento dos meus erros, transformou-me numa pessoa diferente. Talvez a presença da morte e a possibilidade de ser obrigado a enfrentar "uma outra realidade" deram-me uma nova visão do mundo e das pessoas. Hoje, confesso a você que gostaria de pedir perdão a todas as criaturas que magoei, que feri por essa ou por aquela razão, e começar tudo novo, do zero.

Karina fitava o marido, surpresa, sem entender direito o que estava acontecendo. Cecília sorriu, por dentro. Sabia perfeitamente a intenção dele e o pedido de perdão que vinha embutido, de modo subliminar, em suas palavras.

– Compreendo o que quer dizer. Sei que agi por impulso e que quase dei cabo da própria vida, mas também refleti bastante desde então e confesso que estou muito arrependida. O senhor tem razão, ninguém merece a nossa destruição. Jamais faria isso novamente. Também acordei hoje me sentindo mais liberta e cheia de vontade de viver.

Karina, que acompanhava intrigada o diálogo que se estabelecera entre o esposo e a enferma, pareceu meditar por alguns segundos e considerou:

– Curioso! Vendo vocês conversarem tive a nítida sensação de que isso já aconteceu antes!

– Como assim? – perguntou Abelardo, assustado.

– É! Tenho a certeza de que, de alguma forma, já vivemos este momento. E neste mesmo quarto! Será possível? – comentou, intrigada.

Os três se calaram, mas a pergunta ficou no ar. No fundo, Abelardo e Cecília recordavam-se de um sonho, algo difuso e sem contornos precisos, mas que confirmava o que Karina tinha dito. Cecília deu-se conta de que não era a primeira vez que Abelardo lhe pedia perdão.

– Lembro-me agora! – exclamou a senhora, arregalando os olhos. – Esta noite sonhei que estávamos todos aqui neste quarto e que coisas importantíssimas aconteceram!

– "Todos" quem? – inquiriu Abelardo.

– Não sei! O fato é que estavam presentes outras pessoas, algumas que nem conheço.

– Muito interessante! – murmurou Cecília, que se lembrava de qualquer coisa parecida. – Como pode ser isso?

– Ignoro. Contudo, tenho lido alguma coisa sobre Espiritismo e acho que a resposta está aí. Vou procurar me informar melhor – decidiu Karina.

Quando Abelardo e a esposa deixaram o aposento hospitalar, uma parte dos ressentimentos sumira como que por encanto do coração de Cecília, e nós, no Invisível, a envolvemos carinhosamente, satisfeitos.

Cecília deixou o hospital no dia seguinte, logo pela manhã. Chegando em casa, grandes mudanças haviam ocorrido. Os meninos estavam se comportando bem, não brigavam mais como antes e iam para a escola sem reclamar.

A mudança maior, contudo, ficou por conta de Rinaldo. Deixara de beber e até já havia conseguido um emprego.

– Nada importante – explicou ele à filha com orgulho –, mas o suficiente para que me sinta digno e possa encarar minha família sem ter vergonha de mim mesmo. Vou trabalhar como guarda-noturno.

Cecília abraçou o pai com carinho.

– Oh!, pai, que bom! Sinto orgulho do senhor.

– Obrigado, minha filha. Isso é tudo o que eu queria ouvir de você! Prometo que não vou decepcioná-los – afirmou ele emocionado.

Naquele mesmo dia, Edite conversava com a filha e contou-lhe um sonho muito bonito que tivera.

– Acordei ontem, minha filha, com a certeza de que as coisas iriam mudar aqui em casa. Para melhor.

Cecília olhou para a mãe sensibilizada. Não relatou o sonho que Karina tivera, mas reconheceu nesses fatos a mão de Deus sobre suas cabeças.

– Mamãe, têm acontecido muitas coisas que me fizeram pensar seriamente em frequentar um centro espírita. O que acha?

– Acho ótimo, minha filha. Também tenho conversado bastante com a nossa vizinha aqui do lado, que é espírita. Ela tem me explicado muitas coisas e considero lógica e justa a maneira como eles pensam. Sempre tive fé em Deus, você sabe, mas era uma fé cega, sem base sólida. Agora, tenho refletido muito sobre a vida, para onde vão os que já morreram, sobre as diferenças que existem entre as pessoas, e muitas outras coisas. Estou sentindo a necessidade de saber mais e, assim, resolvi acompanhar Dona Mercedes a próxima vez que ela for a uma reunião no centro.

– A senhora me surpreende, mamãe. Jamais pensei que tivesse pensamentos tão profundos. Gostaria de ir junto, se a senhora permitir.

– Claro! Será um prazer. Assim, o que eu não entender, você me explica. Sabe como é, sou analfabeta!

Na Espiritualidade estávamos radiantes, percebendo o desenrolar de acontecimentos que prometiam grandes progressos para o futuro.

Os escravos desencarnados, agora nossos protegidos, permaneciam em generosa instituição, recebendo a assistência amorosa de servidores do bem, em local adequado às suas necessidades. Aguardavam para seguir conosco.

Algumas horas depois, encerradas as atividades que nos prendiam ao mundo corporal, deixamos a Crosta planetária com destino a Céu Azul, nosso lar.

Um gratificante sentimento de dever cumprido nos felicitava o Espírito.

REAVALIAÇÃO

"Portanto, não vos inquieteis com o dia de amanhã, pois o amanhã trará os seus cuidados; basta ao dia o seu próprio mal."

(Mateus, 6:34)

O tempo passava rápido. Envolvidos nas tarefas e atividade que nos estavam afetas, não percebíamos os dias, as semanas e os meses voarem. Mesmo porque a ideia de tempo aqui no Mundo Espiritual tem conotação bem diversa daquela conhecida na Terra.

Estávamos terminando o estágio. Cada caso atendido ficara gravado em nossa mente e cada protegido transformara-se em um novo amigo, dessa forma estendendo bastante os nossos relacionamentos.

Mantínhamos sempre contato com cada um deles, preocupados com sua segurança e bem-estar. Fazíamos-lhes visitas,

| 207

sempre que possível, conferindo seus progressos, o que nos dava muito prazer, ou auxiliando-os sempre que se fazia necessário. Com exceção de Ezequiel – cujo suicídio ocasionara-lhe perturbações gravíssimas e que ainda estava segregado, em seu próprio benefício, apesar de assistido em local apropriado na Espiritualidade –, por quem orávamos envolvendo-o em dulcificantes vibrações de paz e reconforto. Enviávamos-lhe mensagens de otimismo e esperança, bom ânimo e coragem para vencer a fase mais difícil e áspera, qual seja a dos primeiros meses. A destruição do corpo carnal desse infeliz irmão em tão dolorosas circunstâncias e seu comprometimento com drogas, quando encarnado, causaram-lhe, no Além, intenso e contínuo sofrimento em virtude dos graves e correspondentes danos em seu corpo espiritual. Aguardávamos, assim, nos fosse permitido rever Ezequiel, tão logo estivesse em condições psíquicas de receber visitas.

Com a aproximação do encerramento do estágio, faríamos uma turnê, numa última visita aos casos atendidos. Como foram muitos, limitar-me-ei a transcrever as visitas aos processos já conhecidos.

No dia e horário marcados, estávamos a postos. Cheios de entusiasmo, agora estaríamos todos juntos, formando uma só equipe, sob a orientação segura de Galeno: Virgínia, Ricardo, Patrícia, Mônica, Urias, Alberto, Marcelo, César Augusto e eu.

Iniciando a excursão, dirigimo-nos a uma cidade do interior de São Paulo, parando defronte de um belo prédio de apartamentos. A primeira pessoa a ser visitada seria a nossa amiguinha Marisa, que nos conquistara o coração através de rogativa sincera em benefício de seu pai, com quem estava preocupada na ocasião, apesar da sua pouca idade.

Encontramos a garotinha completamente diferente daquela que conhecêramos, triste e calada. Havia chegado da escola e contava à mãe os fatos ocorridos naquela manhã. Era uma criança saudável, de riso fácil e excelente humor.

Não demorou muito, Valter, o pai, chegou do escritório. A esposa foi recebê-lo com um beijo de boas-vindas.

– Olá querido! Como vão as coisas no escritório? – indagou sorridente.

– Muito bem! Temos alguns problemas, mas nada que não possa ser solucionado com paciência e bom ânimo. E minha filhinha, não vai dar um beijo no papai?

A pequena Marisa correu e jogou-se, feliz, nos braços de Valter, repetindo o que já dissera à mãe.

Dentro em pouco, sentaram-se para almoçar. Antes, porém, Marisa solicitou:

– Papai, posso fazer a oração hoje?

– Claro, filhinha.

Entreolhamo-nos, agradavelmente surpresos.

A pequena fechou os olhos e, parecendo pensar um pouco, proferiu estas singelas palavras:

– Querido Jesus, abençoa nosso lar, o papai, a mamãe e nossos parentes queridos. Obrigada pelo alimento que vamos comer e pela paz da nossa casa. Ajuda, Jesus, para que os negócios do papai possam ir bem para que ele não fique preo-cupado e triste. Mas, acima de tudo, que continuemos sempre unidos como uma família feliz. Assim seja!

Com os olhos úmidos, Valter e Odete fitaram a filhinha cheios de carinho, agradecendo a prece que ela fizera.

– A propósito, Odete, não se esqueça de que hoje é o dia de irmos ao Centro Espírita. Voltarei mais cedo do escritório de modo que não nos atrasemos para a reunião.

– É verdade, querido. Estarei pronta quando você chegar. Faço questão absoluta de não faltar. Essas reuniões me fazem muito bem e saio com outra disposição.

Marisa, que fitava os pais muito satisfeita, perguntou:

– Posso ir junto? Tem Aula de Evangelização para as crianças também!

– Claro, filhinha! Agora, trate de comer toda a comida que você tem no prato. Está uma delícia!

Em nosso Plano, também estávamos emocionados. Muita coisa mudara naquela casa. Acompanháramos a enternecida prece feita por Marisa – novo e salutar hábito da pequena família –, gratificados e radiantes com os resultados das atividades empreendidas pela nossa equipe socorrista.

Envolvendo a todos em vibrações de paz e harmonia, deixamos o apartamento, certos de que tudo corria bem, com a graça de Deus.

A nossa visita agora seria a Nicanor, que morava em região próxima à da pequena Marisa.

O relógio marcava dez minutos para as quinze horas, quando chegamos a uma grande cidade do sul do país. O céu sem nuvens era uma bênção divina naquele belo dia ensolarado.

Atravessamos rapidamente a cidade, dirigindo-nos ao local onde o rapaz trabalhava. Era uma loja de utilidades domésticas; junto, uma pequena oficina.

Encontramos Nicanor envolvido em reparar um gravador. As peças do aparelho, todo desmontado, espalhavam-se pela mesa. Com uma pequena chave de fenda na mão, o rapaz tentava encontrar o defeito.

Nós o observávamos, intrigados e curiosos. Logo, seu rosto se descontraiu. Com largo sorriso, ele trocou uma minúscula peça, montou o gravador e colocou uma fita cassete. O som se espalhou pelo recinto, perfeito.

Alegremente, procurou o patrão, que se encontrava no caixa da loja, e mostrou com orgulho:

– Senhor Vitório, consegui! Encontrei o defeito. Não foi fácil, mas consegui. Está funcionando perfeitamente!

Satisfeito, o dono da loja sorriu, enquanto afirmava:

– Não tinha dúvidas quanto a isso, Nicanor. Desde que aqui chegou, aprendeu muito. É incrível a facilidade que tem para lidar com esses aparelhos elétricos e eletrônicos! Acredito mesmo que, se você não resolvesse o problema, ninguém mais aqui nesta loja conseguiria. A propósito, minha esposa telefonou dizendo que tem um chuveiro precisando de conserto lá em casa.

– Pode deixar! Se o senhor não estiver precisando de mim aqui, irei agora mesmo.

– Vá, meu filho! Vá!

Acompanhamos o jovem pelas ruas da cidade. A mudança que se operara nele durante aqueles meses era realmente inacreditável. Limpo, bem- vestido, roupas simples mas apresentáveis, e penteado, era outra pessoa. Caminhava com uma das mãos no bolso e, com a outra, segurava uma pequena maleta de ferramentas, enquanto assobiava uma canção muito em voga no momento. Seu porte ereto mostrava segurança e a expressão do rosto era de alguém cheio de alegria de viver. Entrou pelo pequeno portão da residência com familiaridade, indo até a porta da cozinha.

– Dona Rosa!

Logo surgiu a fisionomia simpática e sorridente da dona da casa, que o abraçou com carinho, levando-o para dentro.

– Ah! Nicanor, que prazer tê-lo aqui em casa. Mas, já sei por que veio! Por causa do chuveiro?

– Isso mesmo! O patrão disse-me que ele está dando problemas. Não está funcionando?

– É verdade. Venha que eu lhe mostro. Começou a sair fumaça e parou de esquentar.

Conversando, levou-o até o banheiro. Imediatamente, o rapaz pôs-se a trabalhar. Quando terminou, voltou para a cozinha, onde estava a senhora.

– Prontinho, Dona Rosa. Está perfeito novamente.

– Ah! Que bom, meu filho! Venha, sente-se aqui comigo. Acabei de coar um café. Tem aquelas rosquinhas de que você tanto gosta, além de bolo e pão com manteiga.

Enquanto lanchavam, ela lhe perguntou:

– Como vão os estudos, Nicanor?

– Muito bem. Esse curso supletivo é bom porque permite que o aluno vença as etapas em bem menos tempo.

– Que ótimo! Afora isso, sei que você é muito inteligente e aprende com facilidade. Veja na loja, por exemplo. Vitório diz que você agora sabe mais sobre eletricidade do que o empregado que foi seu instrutor!

Inibido com os elogios, o jovem meneou a cabeça:

– Não é bem assim. O Sr. Vitório é que é muito bom para mim. Sempre procura me dar novas oportunidades. Ainda ontem, como comentei que tenho vontade de aprender informática, ele prometeu que vai me pagar um curso!

– É mesmo? Não sabia disso!

– Vou começar nesta semana. Como tenho todos os dias e noites ocupadas, inclusive os sábados pela manhã, farei o curso de informática aos sábados, no período da tarde.

Rosa fitava o rapaz com admiração crescente. Nicanor notou o carinho que ela sentia por ele e comentou:

– Tudo isso devo à senhora. Nunca me esqueço de que foi graças ao nosso encontro naquele dia que minha vida mudou. Eu era apenas um pedinte, hoje tenho uma vida digna e o respeito das pessoas.

Comovida com as palavras do jovem, ela redarguiu:

– A verdade é que você deve tudo isso a você mesmo, Nicanor. Não fosse a sua boa vontade e o desejo de aprender, nada disso teria acontecido. A propósito, como vai a sua tia Elvira?

– Graças ao emprego que a senhora lhe arranjou na creche, está muito bem e contente. Afinal, compreendeu que Sebastião não era homem para ela e livrou-se dele. Levamos agora uma vida tranquila.

Assim as horas passaram. Dona Rosa lembrou que o liquidificador não estava bom e ele imediatamente o consertou. Depois foi a vez do aspirador de pó. Em seguida, o rapaz percebeu que uma tomada elétrica da cozinha estava com defeito e arrumou-a.

Vitório chegou em casa e encontrou os dois conversando, enquanto a mulher fazia o jantar.

– Rosa, já contou ao Nicanor o que decidimos ontem de noite?

– Não, querido. Esperava que estivéssemos juntos para contar-lhe a novidade.

O rapaz olhava de um lado para outro sem entender.

– Então, contem logo porque estou ficando ansioso!

Vitório chegou-se mais à esposa, pigarreou e, com seu jeito bonachão, foi dizendo:

– Bem...é que, isto é...Rosa e eu decidimos que vamos adotar você.

– Adotar? Como assim?!... – indagou o jovem, incrédulo.

– Ora, queremos que seja nosso filho! Sabe como é, Deus não nos deu nenhum, e temos nos apegado muito a você desde que surgiu em nossa vida. A princípio, dei-lhe o emprego apenas porque Rosa havia pedido. Depois, você foi crescendo profissionalmente e como pessoa. Tornou-se muito importante para nós. Gostaria que fosse o filho que nunca tivemos. O que acha? Aceita?

Nicanor tinha um nó na garganta e não conseguia falar. Vitório prosseguiu, com os olhos úmidos:

– Se o problema é sua tia, pode continuar morando com ela, se preferir. Queremos que seja nosso filho de direito, como já é de fato, para podermos dar-lhe um futuro melhor, deixar-lhe uma herança. Enfim, não temos a quem passar nossos bens. Sabe como é, afinal ninguém é eterno!

Rosa tinha o rosto lavado de lágrimas. Nicanor, vencendo a natural timidez, soluçando, jogou-se nos braços de Vitório e de Rosa.

– Nem sei o que dizer. Jamais poderia acreditar em tamanha felicidade. Mais do que amigos, vocês já têm sido verdadeiros pais para mim. Quanto à minha tia, não estou preocupado com ela. Ela está namorando de novo e logo terá um marido para cuidar.

O momento era de grande emoção para todos nós.

De mãos dadas, fizemos um círculo em torno dos amigos encarnados e elevamos ao Senhor o nosso pensamento e a nossa gratidão.

Especialmente Virgínia e eu, que tínhamos atendido o caso, nos sentíamos imensamente gratificados. Olhamo-nos e comentei, como naquele dia:

– O que não se consegue com um pouco de amor e de carinho!...

VIVER SEMPRE VALE A PENA

NOVOS VALORES

*"Por isso vos digo: Não andeis ansiosos pela
vossa vida, quanto ao que haveis de comer ou beber;
nem pelo vosso corpo quanto ao que haveis
de vestir. Não é a vida mais do que o alimento,
e o corpo mais do que as vestes?"*

(Mateus, 6:25)

Volitando no espaço, gozando de infinita paz, sentíamos a brisa tocar suavemente em nossa pele. Estávamos nos aproximando da orla marítima e, ao longe, divisávamos os contornos da Serra do Mar, mergulhada na bruma matinal. Aos poucos um cheiro bom e bem conhecido de terra molhada, aliado a aromas de plantas diversas, atingiu nossa sensibilidade.

Entreolhamo-nos satisfeitos e sorridentes. Todos trazíamos guardadas nos refolhos da memória, lembranças e imagens agradáveis de férias passadas em cidades litorâneas junto aos familiares encarnados. Uma vaga onda de saudade nos envolveu.

O mar surgia à nossa frente imponente e majestoso. O céu azul e sem nuvens prenunciava um belo dia de sol.

Descemos suavemente na praia, quase deserta àquela hora do dia. Caminhamos sem destino, procurando sentir a areia molhada sob os pés, o prazer de respirar a longos haustos o ar marinho, saturado de emanações energéticas e reconstituintes. Contemplando o oceano que se estendia à nossa frente, não podíamos deixar de reverenciar o Criador, na grandeza da Sua criação.

Corremos e brincamos como crianças, gozando de alguns momentos de descontração, rindo e cantando, como se ainda fôssemos encarnados e estivéssemos realmente em férias.

Mas o tempo é algo precioso que, na Espiritualidade, aprendemos a valorizar. Tínhamos objetivos claros a cumprir. Assim, deixamos a brincadeira de lado e nos encaminhamos para a periferia da pequena cidade. Defronte de uma singela moradia, paramos.

Era uma casinha simpática e agradável. De alvenaria, toda pintada de branco, tinha janelas com caixilhos azuis. No pequeno jardim, muito bem cuidado, flores coloridas contornavam o gramado, enquanto, no gradil, subia encantadora trepadeira, uma primavera em tom vermelho-escuro, que acrescentava um toque especial na decoração.

Galeno indicou a residência:

– Esta é a nova casa do nosso amigo Renato. Entremos.

Bateu discretamente e a porta se abriu. Vimos a fisionomia conhecida e querida de Melina, que nos aguardava.

– Sejam bem-vindos!

Trocamos abraços e beijos. A amiga estava emocionada pela nossa visita. Antes que fizéssemos qualquer pergunta, ela esclareceu:

– Creio que já estão informados a respeito da história do meu irmão Renato.

Todos fizemos um sinal afirmativo com a cabeça. Galeno, antes das visitas, sempre fazia um retrospecto de cada caso, de forma que aqueles de nós que não tivessem participado da ação socorrista pudessem conhecer o problema e suas implicações. Com essa providência se avaliariam melhor, e de maneira mais proveitosa, os resultados conseguidos com a bênção de Deus.

Melina prosseguiu, satisfeita:

– Esta casa agora é um ninho de paz. Meu irmão Renato enfrentou as dificuldades com coragem. Os problemas econômico-financeiros ainda são muito grandes. Eles levam uma vida apertada, mas estão felizes. Vocês, porém, terão a oportunidade de verificar isso pessoalmente.

A pequena família estava se levantando. A esposa de Renato preparava o café na cozinha, enquanto ele brincava com a filhinha na cama.

Logo estavam todos reunidos em torno de rústica mesa. A pequena, que recebera o mesmo nome da tia desencarnada, Melina, tinha quatro anos e era criança viva e saudável.

– Papai, você me leva à praia hoje?

– Claro, filhinha! Mas você tem que tomar todo o leite que a mamãe colocou no copo. Depois, papai vai fazer algumas coisas importantes e, mais tarde, iremos à praia. Está combinado?

– Está. Mas "eu sei", você não vai trabalhar hoje! – disse, frisando as palavras.

Fingindo surpresa, o pai perguntou, arregalando os olhos:

– Não?!... Como você sabe?

– A mamãe me disse que hoje é sábado, e você não trabalha no sábado! – respondeu a garotinha, orgulhosa de seus conhecimentos.

– Ah! Que menina sabida! É isso mesmo, você tem razão. Papai hoje não vai ao Banco, mas tem outras coisas para fazer. Agora, vá brincar um pouco com seus amiguinhos.

A garota saiu correndo, satisfeita com a sugestão, e os esposos ficaram na mesa, de mãos dadas, embevecidos em mútua contemplação.

Sem se darem conta da nossa presença, eles conversavam:

– Ainda não acredito que a nossa vida mudou tanto, Helena. Nunca estivemos tão felizes. Nem nos primeiros tempos do nosso casamento – disse Renato.

– Também custo a acreditar. Houve época em que pensei que tivéssemos perdido você para sempre. Estava tão preocupado com dinheiro que não via mais nada na sua frente. Abandonou completamente a mim e à sua filha, só pensando em aumentar o capital e fazer "negócios".

– É verdade. Quanto me arrependo! Deu no que deu. Acabamos nos separando e, desde então, só fiz bobagens. Até culminar com o desfalque no banco.

O rosto de Renato cobriu-se de sombras a essa lembrança. Inclinou a cabeça, triste. Apesar de todas as mudanças, apesar do otimismo que procurava cultivar, ainda não conseguia lembrar o passado sem sofrer.

Helena percebeu o perigoso estado de espírito em que o marido estava entrando e chamou-lhe a atenção:

– Ei! O que é isso? Reaja! O pior já passou! Estamos pagando a dívida e está tudo bem.

– É verdade, mas estou ganhando tão pouco! E, além do mais, dependendo também do seu dinheiro para as despesas da casa! Não gosto disso. Sinto-me incapaz, um inútil.

– Renato, nós nos casamos em comunhão de bens, lembra-se? Você está ganhando pouco porque perdeu o cargo que tinha no banco. Contudo, por sorte, arranjei emprego na boutique e a situação está sob controle. Apesar de tudo o que perdemos, nossa vida aqui é tranquila e muito mais agradável. Melina está adorando! Aqui ela tem amiguinhas, pode brincar na rua, o que antes, numa cidade grande era impossível, você sabe.

– Tem razão, Helena. Também estou contente aqui. De qualquer forma, foi uma excelente solução. Eu não tinha mesmo mais ambiente para continuar trabalhando naquela agência. Todos me olhavam com desconfiança. E se, no julgamento do processo, eu vier a perder o emprego, arrumarei um outro serviço, farei qualquer outra coisa, montarei uma barraca de sucos, de bugigangas...sei lá! Mas, tenho certeza de que você nunca mais terá vergonha de mim. De fome, não morreremos.

– É isso mesmo, Renato. Então, temos mais é que agradecer a Deus o que nos concedeu e ter confiança no futuro. Na verdade, querido, precisamos de tão pouco para ser felizes!

Nesse momento, alguém bateu à porta. Era um bancário, colega de Renato. Após os cumprimentos, o recém-chegado informou:

– Vim lembrá-lo de que hoje somos nós que ficamos encarregados de pegar o pão para o lanche das crianças.

– É verdade!

Virando-se para a esposa, Renato comentou:

– Helena, você precisa ir junto conosco! Iria adorar! O trabalho é muito interessante e é feito na região mais pobre da cidade. Ensinam as crianças a pintar, a desenhar, a trabalhar com argila e muitas outras coisas. A gente faz Evangelho no Lar com os caiçaras, especialmente na casa dos pescadores. Há famílias que vivem no meio do mato, como se fossem bichos. Aos poucos, estão ficando menos retraídos e aceitando mais a nossa amizade.

– Gostaria mesmo de acompanhar vocês. Mas, sabem como é! Tenho que trabalhar e, aos sábados, o movimento da loja aumenta muito com os turistas que vêm passar o final de semana na cidade. Mas prometo-lhes que, quando a temporada terminar, um dia irei junto e levarei Melina.

Passaram a falar sobre Espiritismo. Renato estava frequentando um Centro Espírita, levado por esse amigo, e rapidamente ia sedimentando novos conhecimentos sobre Espiritualidade. Estava entusiasmado e tinha sempre muitas perguntas para fazer, a que o amigo respondia com boa vontade e gentileza. Ao mesmo tempo, a mensagem evangélica ganhava nova dimensão em sua mente, pois passou a entender a necessidade de adequação dos ensinamentos do Cristo com a vivência diária junto aos semelhantes.

Nós, "aqui do outro lado", estávamos comovidos. Quanta coisa mudara na vida daquele bancário que só pensava em ganhar dinheiro! Agora, experimentando de perto a difícil luta pela subsistência, sendo obrigado a contar as moedas para não faltar o necessário em casa, adquirira outro conceito de valor. Deixou de lado o egoísmo e começou a enxergar com outros olhos o próximo, especialmente o que tinha muito menos do que ele, e que antes desprezava.

Em contato com a pobreza, recebia sempre novas lições daqueles que considerava "infelizes". Aprendeu que "infeliz" só é aquele que não se contenta com o que Deus lhe dá. Que a felicidade não está naquilo que se possui, mas no valor que damos ao que possuímos. Via criaturas que nada tinham, mas que estavam alegres, sorridentes, otimistas e de bem com a vida.

Agora, fitando a esposa e a filhinha, reconhecia que dinheiro nenhum no mundo poderia pagar a felicidade que desfrutava ao lado dos entes queridos. E, intimamente, agradecia ao Criador a nova oportunidade que lhe concedera de refazer a vida e corrigir o curso da existência, em direção a um futuro melhor.

Também estávamos gratos pelas dádivas recebidas e pelo resultado da nossa ação socorrista.

Dando as mãos numa corrente fraterna, formamos um círculo em torno dos irmãos encarnados e elevamos o pensamento ao Pai numa prece, envolvendo-os em vibrações amoráveis de paz, otimismo e confiança.

AJUDAR SEMPRE

"E todo aquele que ouve estas minhas palavras e não as pratica, será comparado a um homem insensato, que edificou a sua casa sobre areia; e caiu a chuva, transbordaram os rios, sopraram os ventos e deram com ímpeto contra aquela casa, e ela desabou, sendo grande a sua ruína."

(Mateus, 7:26 e 27)

Deixando a casa do nosso amigo Renato, partimos para outro local, onde deveríamos igualmente nos certificar de como estava caminhando o processo de reajustamento dos nossos assistidos, em face das condições impostas pela vida.

A grande cidade regurgitava. O movimento era intenso. Encaminhamo-nos para a periferia, buscando singela moradia numa das ruas mais pobres de bairro distante.

Era a residência de Cecília, nossa amiga que tentara o suicídio numa atitude extremamente grave e impensada, através da ingestão de comprimidos.

Entramos. O ambiente era de paz e harmonia. Encontramos a mãe de Cecília, Edite, passando roupas na cozinha. A mesma luminosidade, em tom esmeraldino pálido, a cercava como uma roupagem fosforescente. Enquanto o ferro elétrico deslizava sobre o tecido, percebemos que a dona da casa mantinha o pensamento elevado, envolvendo todos os membros da família com entranhado amor.

Sua presença sempre nos comovia pelas irradiações de bondade e paz que exteriorizava. Com as antenas psíquicas ligadas no Mundo Maior, detectou nossa presença amiga demonstrando satisfação e alegria. Não identificou as individualidades ali presentes, mas sentiu que eram visitas de amigos de Além-Túmulo.

E, talvez porque percebesse, intuitivamente, o nosso desejo de notícias, pôs-se a conversar conosco, mentalmente, como se falasse consigo mesma:

"Ah! Nem sei como agradecer a Deus e aos amigos espirituais que tanto nos ajudaram. Em nossa casa hoje se respira um clima de paz e harmonia. Desde que Cecília nos deu aquele susto, atentando contra a própria vida, parece que todos resolveram tomar um rumo diferente. Os meninos estão mais amigos e responsáveis, vão bem na escola e raramente se desentendem. Já não vivem irritados, descontentes e rebeldes; têm bom sono e as visões terminaram. Graças a Deus! Até meu marido Rinaldo, que tanta preocupação nos deu por causa da bebida, agora está muito bem. É frequentador assíduo da Associação dos Alcoólicos Anônimos e nunca mais colocou uma gota de bebida na boca."

Fez uma pausa e, mentalizando a filha que estava trabalhando àquela hora do dia, envolveu-a com carinho, pensando:

"Também minha querida Cecília conseguiu vencer os momentos difíceis que estava atravessando. Está diferente, mais segura de si, mais madura. O novo emprego como balconista da loja de confecções lhe fez muito bem. Sente-se mais valorizada como pessoa. Talvez sejam as atenções do patrão, libanês educado e digno, que a trata sempre com muita gentileza.

Quem sabe? Talvez até redunde em namoro! De qualquer forma, foi ótimo ter mudado de emprego. Se continuasse na casa da Dona Geni, segundo Cecília me contou, provavelmente veria sempre o antigo namorado, o que não seria bom para nenhum dos dois, uma vez que ele continua casado."

Naquele momento, Edite lembrou-se de que estava na hora de preparar o jantar, pois os familiares não tardariam a chegar.

Desligou o ferro, guardou as pilhas de roupas passadas e foi preparar a refeição. Não demorou muito, ouviu a voz de Romualdo e a de Rogério que chegavam da escola. Disseram um "olá" para a mãe, guardaram as mochilas e foram para a rua brincar com os meninos da vizinhança.

Logo depois, chegou o marido, Rinaldo, cansado mas sorridente. A figura que víamos agora em nada lembrava aquele homem sem dignidade, de aparência descuidada, sempre de olhos baixos, envergonhado e, o que era pior, alcoolizado. Agora era um homem seguro de si, que não tinha vergonha das pessoas e que olhava o mundo de frente. Como exercia a função de guarda-noturno numa empresa, passando toda a noite acordado, Rinaldo dormia na parte da manhã – o que julgava suficiente –, e de tarde encontrara outra ocupação que lhe permitisse aumentar a renda familiar, fazendo pequenos serviços de jardinagem. Até já conseguira uma boa clientela!

A última a chegar foi Cecília, que também demonstrava alegria de viver e otimismo.

– Mãe, hoje fiz excelentes vendas e minha comissão este mês crescerá bastante. A cada dia conheço mais pessoas e, aumentando meus relacionamentos, aumentam também as vendas. Sabe que há freguesas que entram na loja e querem ser atendidas por mim?!...

A mãe sorriu, enquanto tirava uma panela do fogo.

– Ótimo, minha filha! Isto significa que você é simpática, trata bem as pessoas e é boa vendedora. Agora, se for tomar banho, seja rápida e não se esqueça de que hoje é o dia do nosso Evangelho no Lar.

Cecília concordou e saiu apressada.

Estávamos contentíssimos! As sementes começavam a germinar e dariam bons frutos.

Às dezenove horas, pontualmente, estavam todos reunidos em torno da mesa da cozinha para a reunião em família.

Edite deu início, solicitando a Cecília que fizesse a prece. Com singeleza, deixando transparecer os sentimentos que a dominavam, a jovem elevou o pensamento a Jesus, agradecendo por tudo que estavam recebendo e pedindo que Suas bênçãos envolvessem toda a família, de forma que pudessem ter um bom aproveitamento da lição da noite.

Em seguida, o pai abriu o exemplar de *O Evangelho segundo o Espiritismo*, que estava sobre a mesa, e leu um trecho do capítulo XIII: "Não saiba a vossa mão esquerda o que dê a vossa mão direita", exatamente o que fala sobre "A caridade material e a caridade moral". Depois, cada um dos presentes faria um comentário sobre o assunto.

– Mas se não temos nem para nós, como praticarmos a caridade? – perguntou Romualdo.

Edite olhou o filho com carinho e, depois de pensar alguns segundos, respondeu:

– Como "não temos nem para nós", meu filho? Não podemos ser ingratos para com a Bondade Divina que tanto nos tem concedido.

Rogério, o caçula, que ouvia atentamente, falou:

– Mamãe, tem um menino na minha classe que é muito mais pobre do que nós. Ele me disse que vai à escola só para comer a merenda. Que, muitas vezes, é a sua única refeição do dia!

Todos nós presentes, encarnados e desencarnados, ficamos emocionados com o comentário da criança. Edite, com os olhos úmidos, esclareceu:

– Você tem razão, Rogério. Embora possamos nos julgar pobres, existem pessoas muito mais necessitadas do que nós. Afinal, nada nos falta. Temos uma casa simples, mas confortável; alimentação suficiente para mantermos boa saúde; roupas e calçados adequados; e, acima de tudo, somos uma família unida. Além disso, a página evangélica trata exatamente sobre esse assunto, explicando que a caridade tem que ser ampla, não consistindo apenas nas coisas materiais que podemos ceder em benefício de alguém, mas também da caridade moral. Dar o nosso tempo, exercitar a paciência, ter tolerância com as outras pessoas, esquecer ressentimentos, perdoar não guardando mágoas no coração, fazer uma prece por alguém que está doente, e muitas outras coisas, constituem exemplos de caridade moral que nada nos custa em dinheiro.

Nesse momento, Cecília lembrou-se de Abelardo, que fizera parte do seu relacionamento afetivo. A imagem do antigo namorado surgiu na tela da memória como algo ainda não bem resolvido. Cecília desejava perdoar-lhe, esquecer o passado, mas intimamente encontrava dificuldades. Vez por outra, uma certa mágoa ainda a incomodava, sobretudo quando se recordava da noite em que fora tão humilhada por ele naquela casa que tinha sido um ninho de amor.

Cabeça baixa, a jovem rememorava as lições sobre o perdão que tinha ouvido durante os últimos meses na Casa Espírita e reconhecia que Abelardo não era merecedor de seu afeto e muito menos de seu sofrimento, mas que precisava de sua piedade e de seu perdão. Contudo, esquecer era tão difícil! Tinha certeza de que o tempo faria com que as lembranças se apagassem de sua memória. Agradecia a Deus por não ter tido tempo de deixar a carta de despedida explicando tudo para a esposa dele, como planejara. Afinal, Karina era inocente, nada tinha que ver com a falta de caráter do marido e sofreria injustamente. Cecília sentia muita simpatia pela esposa de Abelardo, desde que ela e o marido foram visitá-la no hospital. Continuavam casados e, até onde Cecília sabia, estavam bem. Melhor assim.

A pequena reunião estava chegando ao fim. Edite proferiu uma prece agradecendo a presença de Jesus e dos amigos espirituais naquela casa e deu por encerrada a reunião.

Vibrações dulcíssimas enchiam o ambiente de harmonia, fazendo com que todos se sentissem renovados interiormente, dominados por emanações de bem-estar, paz e alegria.

VIVER SEMPRE VALE A PENA

Enquanto os encarnados sentavam-se à mesa para a refeição frugal, deixamos a singela residência satisfeitos e revigorados, certos de que nossa presença ali não era necessária no momento.

– Como está Abelardo? – indagou Mônica, curiosa, ao ganharmos a rua.

– Logo saberemos, pois agora vamos justamente visitar o casal Karina e Abelardo, nossos conhecidos – assegurou Galeno.

Chegando ao apartamento de luxo, encontramos os donos da casa conversando na sala, enquanto aguardavam que o jantar fosse servido.

Ali também notávamos algumas melhoras. Havia dois servidores do nosso plano que estavam no local para garantir a segurança dos encarnados. Contudo, outras entidades, de aparência estranha e desagradável, também estavam presentes. Olhamos surpresos para Galeno, que, com gravidade, nos informou:

– Espantam-se vocês por encontrarem o ambiente, que nos esforçamos para sanear, ocupado por outros seres desencarnados, de baixa condição vibratória, que parecem dominar a situação. Acontece que cada criatura atrai os seus afins. Abelardo é espírito ainda estagiando em fases inferiores de evolução. Atualmente, em virtude dos trágicos acontecimentos ocorridos, das informações que obteve com fortes apelos à razão, dos incentivos à mentalização superior que recebeu de amigos e familiares desencarnados, candidatou-se à reforma interior. Por algum tempo, andou até frequentando um grupo espírita bem orientado, tendo recebido grandes benefícios desse contato, com reflexos bastante positivos em seu equilíbrio psíquico.

Galeno fez uma pausa, olhou para o dono da casa, que conversava com a esposa contando como fora o seu dia no escritório, e prosseguiu:

– Contudo, entre os apelos da carne e as sugestões moralizantes de ordem superior, Abelardo balança. Aos poucos, deixa-se enredar no velho comodismo, nas mesmas fraquezas, nos mesmos vícios, mantendo a mente em faixas inferiores de vibração; e, assim, atrai as indesejáveis companhias que vemos. Observem.

Olhamos para Abelardo mais atentamente. Conquanto continuasse dialogando com a esposa, falante e encantador, no seu campo vibratório surgia com intensidade a imagem de uma moça loira, alta, de olhos claros e cabelos longos. Essa mesma jovem aparecia em diversas situações e lugares, deixando claro que ele estava se envolvendo em um novo processo de sedução.

Estávamos pasmos. Todo o trabalho que tivéramos para ajudá-lo redundara em nada!

Galeno, percebendo nossa perplexidade, retrucou:

– Absolutamente. Obtivemos grandes conquistas neste caso. Se formos comparar a situação de "ontem" com a de "hoje", constataremos significativa melhora, o que já é muito bom. Para o próprio Abelardo, essa experiência representa um avanço. Nossas conquistas são feitas por patamares atingidos, que precisamos sedimentar. Assim, mesmo que ele tenha uma recaída agora, recomeçará suas tentativas com melhor orientação e conscientização facultadas pelas luzes do conhecimento espírita, que nada poderá apagar. Repetirá os mesmos erros inúmeras vezes, até que se decida a melhorar. É lógico que sempre arcará com as consequências do mau uso do livre-arbítrio, que obviamente lhe retardará a marcha no caminho evolutivo. Além do mais, os grandes beneficiados foram os jovens escravos, que se reeducam, através do Evangelho de Jesus, em local da Espiritualidade adequado a suas carências.

– Mas eles não poderão voltar atrás e retomar o processo de vingança, ao verem que o antigo desafeto em nada modificou seu comportamento? – perguntou Alberto.

– Sim, isso seria possível. Contudo, quando o desencarnado compreende os erros que cometeu e deseja, real e sinceramente, melhorar-se, tem muito maiores probabilidades de sair vencedor do que um encarnado, por diversas razões. Uma delas é que conta agora com o auxílio dos amigos e familiares desencarnados, que o protegerão para que não retome as antigas ideias. Além disso, a vivência numa estância espiritual, com ambiente saturado de emanações benéficas, auxilia poderosamente o espírito na manutenção do equilíbrio. Muito rico em oportunidades de aprendizado, esse tipo de abrigo proporciona ao recém-chegado uma visão ampla e mais clara do que lhe compete realizar em benefício de seu próprio aperfeiçoamento. O que não acontece com o encarnado, ainda sob o jugo da matéria e sujeito às suas leis e limitações.

– Já ouvi alguém afirmar que é muito mais fácil ajudar um desencarnado do que um encarnado – assegurou César Augusto.

– Exatamente! – concordou Galeno. – As limitações que sofre o ser encarnado, sua incapacidade de perceber o mundo espiritual que o cerca, o esquecimento do passado, são restrições necessárias a seu progresso, que, aliadas à ignorância das realidades espirituais, fazem com que o habitante da Terra viva como um escafandrista, tomando conhecimento das coisas só muito lentamente. Claro que, com boa vontade, poderia ter todas as informações que desejasse, assim como desenvolver as percepções de que o Senhor o dotou, utilizando a intuição superior para manter contato com as esferas mais altas. Contudo, geralmente, é isto o que vemos aqui: o encarnado deixa-se vencer e dominar pelas influências de natureza inferior, que potencializam suas próprias imperfeições morais, levando-o a terríveis e desastrosas quedas.

Galeno fez uma pausa e aproximou-se carinhosamente de Abelardo, que passou a ter diferente atitude mental, talvez percebendo intuitivamente a nossa presença.

O dono da casa calou-se, suspirou profundamente e pensou: "O que estou fazendo? Preciso mudar de comportamento. Karina é boa esposa e não merece isso. Ah! Meu Deus, me ajude!"

O orientador sorriu, lançando-lhe um olhar cheio de compreensão e piedade. Solicitando a nossa colaboração, colocou as mãos na cabeça de Abelardo e retirou do corpo as vibrações escuras que o envolviam como um visgo, especialmente sobre a região genésica, a mais atingida. Em seguida, aplicou-lhe energias balsamizantes que, por algum tempo, o fariam sentir maior dose de bem-estar e serenidade.

Também a esposa foi beneficiada com essa aplicação. Quanto aos companheiros desencarnados de Abelardo, foram retirados do ambiente e conduzidos, por servidores do bem, para local adequado à assistência de que careciam.

Terminada a operação, Galeno fitou-nos sorridente e compreensivo, asseverando:

– Viram? O nosso amigo não é realmente mau. É apenas fraco, não conseguindo vencer ainda suas tendências inferiores. Mas, quem de nós está isento de pecado e pode atirar-lhe pedras? Que Jesus possa envolver o nosso Abelardo com muito amor e nos permita continuar ajudando-o sempre que possível.

Deixamos aquele apartamento um pouco frustrados em nossas primeiras expectativas. Mas, como nem tudo pode ser como a gente quer, vamos partir para outra!

A nossa obrigação é ajudar sempre.

"ANDORINHA"

"Digo-vos que assim haverá maior júbilo no céu por um pecador que se arrepende, do que por noventa e nove justos que não necessitam de arrependimento."

(Lucas, 15:7)

Certa vez, estávamos na varanda de nossa casa, o "Abrigo dos Descamisados", trocando ideias sobre os casos atendidos. Patrícia comentou:

– Essas experiências que estamos vivendo são muito importantes, porque nos dão uma visão mais ampla dos obstáculos e dificuldades que as pessoas enfrentam, dos seus conflitos emocionais, dos problemas existenciais que experimentam. Com elas aprendemos como agir e como ajudá-las com acerto.

– Exato. É um outro mundo, que nos comove e ao mesmo tempo nos enriquece pela oportunidade do aprendizado. Cada caso é diferente e único. Sempre uma surpresa! – concordou César Augusto.

Urias, que ficara calado e pensativo, comentou:

– É verdade. Porém, de todos os casos, um me impressionou mais. É o do "Andorinha"! – exclamou, olhando para Virgínia, sua companheira de equipe naquele atendimento.

– Sem dúvida, Urias. Confesso que também fiquei muito sensibilizada com a vida desse rapaz.

Nós, os outros membros do grupo, também nos comovemos com esse caso, atendido por Urias, Virgínia e Ricardo. Como é realmente diferente e tocante, tomo a liberdade de relatar a história do "Andorinha", para que sirva de exemplo e todos se edifiquem com ela.

Ovídio era um menino pobre, de família completamente desestruturada. Os pais, alcoólatras, não se preocupavam com os filhos, que viviam abandonados à própria sorte. Assim, premido pela necessidade, ainda criança, Ovídio foi para as ruas, onde aprendeu toda a sorte de coisas negativas, amadurecendo prematuramente e transformando-se num pequeno delinquente. Com o tempo, vinculou-se a uma quadrilha de traficantes, da qual recebia "proteção" e à qual servia como "passador" da droga.

Logo ficou conhecido como Andorinha. Era pequeno, magro e franzino, mas muito ágil, e entrava em lugares onde ninguém conseguia . Por isso, então, o apelido. Aos doze anos, ele já tinha matado um homem para roubar. Colocado em casa correcional, fugiu em pouco tempo. Preso algumas vezes, era logo devolvido às ruas, porque menor de idade, o que só fazia alimentar sua autoconfiança, deixando-o ainda mais afoito.

Ao completar dezoito anos, envolveu-se em assalto a uma agência bancária; atirou em um policial, que veio a morrer. Agora, estava realmente enrascado.

Preso, foi julgado e condenado a trinta e cinco anos de reclusão, em virtude desse e de outros crimes que tinha cometido. Sob forte esquema de segurança, foi levado para uma penitenciária de segurança máxima, onde cumpriria a pena.

A nova situação causou-lhe algumas mudanças radicais. Sem atividade de qualquer espécie, o prisioneiro tinha muito tempo para pensar. Não se conformava em estar preso. Desde criança, quando saíra da casa dos pais, sempre fora livre, sem vínculos. Não conhecia ordem ou disciplina. Na rua, a lei era a do mais forte ou do mais esperto. E ele era muito esperto. Mas agora estava preso. Irremediavelmente preso e sem esperança de fugir dali. Tão jovem, quando saísse da prisão seria um velho!

Desequilibrado pela revolta e inconformação, facilitou o assédio mais intenso de suas vítimas já desencarnadas.

O fato é que, com o passar do tempo e o desespero de uma situação irreversível, começou a pensar seriamente em suicídio, já que a fuga daquele presídio era praticamente impossível. Tentara escapar duas vezes, mas fora apanhado. O único resultado obtido nessas tentativas foi o agravamento da sua situação. Na solitária, para onde fora levado, desanimado da vida, a ideia de matar-se tomou maior vulto. Foi então que nossos delicados sensores captaram o pedido de socorro, através das súplicas feitas por Jorge, seu avô materno, já desencarnado, que muito o amava.

Nossa equipe deslocou-se até o local para atender ao chamado. O ambiente da prisão era terrível! Urias, Virgínia e Ricardo estavam dando o caso quase que por perdido, pois, apesar de ter um grupo espírita dando atendimento aos presos, fazendo palestras semanais e aplicando passes, Andorinha era completamente avesso a essas práticas e nunca se dispusera a comparecer. Além disso, mantinha sempre o pensamento em baixos níveis vibratórios, facilitando o trabalho de seus inimigos desencarnados, visto não ter qualquer ideia de Espiritualidade.

Certo dia, a situação era quase desesperadora. Nosso infeliz irmão planejara matar-se no domingo à noite, dependurando-se no próprio lençol que amarraria no gradil da janela, no alto. Os membros da equipe socorrista, preocupados, pediram a ajuda do orientador, uma vez que não sabiam o que fazer.

Galeno chegou logo depois, analisou a situação e decidiu. Aproveitando-se da sensibilidade mediúnica de um dos presos, preparou um fenômeno, com a colaboração do avô desencarnado. Na hora em que os internos saíram para tomar sol no pátio, fez com que Jorge se aproximasse de um rapaz que era médium. O moço, sob a influência da entidade, acercou-se de Andorinha e – sem saber o que estava acontecendo –, com voz diferente, disse:

– Meu querido neto! Confie em Deus, tire essas ideias da sua cabeça. O suicídio só irá aumentar seus sofrimentos. Procure se informar melhor. Pergunte a quem sabe.

Andorinha ficou estático, sem saber o que dizer. Reconheceu o jeito do avô, única pessoa que ele amara e que realmente se preocupara com ele na vida.

Quis tomar satisfação. Agarrou pelo pescoço o companheiro que lhe dizia coisas tão estranhas:

– O que foi que você disse? Repita!

O rapaz estava assustado. Não se lembrava de ter dito coisa alguma e não sabia do que era acusado. Voltara a ser "ele mesmo" e suplicava, apavorado, porque conhecia a fama do colega:

– Eu? Eu não disse nada, Andorinha! Me solte. O que está acontecendo, homem? O que estou fazendo aqui? Por que você quer me bater? Está ficando louco? Não fiz nada!

Andorinha, perplexo, largou o rapaz, que saiu quase a correr, refugiando-se no outro lado do paredão. Mas a ação atingiu o objetivo colimado. Andorinha ficou calado, a meditar sobre o estranho acontecimento. Como poderia o colega saber da sua intenção? E a voz? Era do seu avô, tinha certeza! Até o chamara de "meu querido neto"! Afirmara-lhe "a voz" que procurasse informação. Com quem? Naquele momento, o detento lembrou-se do grupo que vinha todos os domingos à penitenciária fazer palestras. Era sábado. Resolveu que, no domingo, iria à reunião.

A partir daí, sua vida mudou radicalmente. No dia seguinte, lá compareceu. Tomou passe, água fluidificada. Sentiu-se bem. Gostou. Reconheceu-se mais harmonizado consigo mesmo, mais tranquilo. Nas semanas posteriores, assistiu a outras palestras, passando a ter informações importantes sobre imortalidade, reencarnação, lei de causa e efeito, livre-arbítrio e tantos outros assuntos de relevância para a perfeita compreensão dos fatos da vida. Tomou conhecimento do Evangelho de Jesus e de seu conteúdo moral, encantando-se com as lições do Mestre, com as parábolas, que, até então, desconhecia completamente, visto que seus pais nunca demonstraram qualquer interesse por assuntos de religião.

Andorinha mudou inteiramente seu modo de pensar. Esqueceu as ideias de suicídio e passou a compreender que todo o seu sofrimento era consequência dos próprios erros. Entendeu também que somente o trabalho edificante poderia libertá-lo dos compromissos assumidos com sua consciência. Assim, ele, que era quase um analfabeto, interessou-se pela leitura, especialmente das obras espíritas, descobrindo um mundo novo e fascinante. Aprofundando-se no conhecimento da Doutrina dos Espíritos, passou a ajudar os outros presos, canalizando as preciosas informações para seus companheiros de infortúnio, todos necessitados.

Ultimamente, tem feito até palestras, por sinal de grande conteúdo, porque baseadas na sua vivência pessoal. Quando fomos visitá-lo na penitenciária, por ocasião da reavaliação dos casos, tivemos oportunidade de ouvi-lo falar e nos emocionamos. Fisicamente de baixa estatura, encorpara, transformando-se num homem troncudo, de fisionomia rude. Todavia, ao falar do Evangelho de Jesus, mudava completamente. Sua voz, mansa, demonstrava humildade nos gestos e convencia pela sinceridade. E, pela semelhança de problemas, facilmente criava empatia com a assistência.

Comentávamos, nessa oportunidade, o caso do preso, quando Alberto disse:

– Parece até ironia que um preso tenha o nome de Andorinha, um dos pássaros mais ágeis e livres que voam pelo espaço...

– É uma história linda! – exclamou Mônica.

– Linda e edificante! – completou Marcelo. – Diga-me, Urias, e quantos anos ele já cumpriu da pena?

– Considerando o tempo que já esteve encarcerado e o bom comportamento, poderá deixar a prisão dentro de cinco anos, saldando o resto da pena em prisão-albergue. O que é bem pouco, diga-se de passagem, tendo em vista o que teria ainda de pagar à sociedade.

O mais importante é que Andorinha, apesar de todos os seus crimes, é hoje uma pessoa diferente. Transformou-se num verdadeiro líder. É o confidente, o amigo e o orientador dos outros presidiários. A violência reduziu-se bastante naquele estabelecimento correcional, para surpresa de sua administração.

O diretor do presídio, observando seu comportamento e mudança de atitudes, passou a confiar nele, colocando-o como representante dos presos junto à direção.

O presidiário, renovado sob as luzes do Consolador, sabe que não basta o arrependimento. Torna-se imprescindível saldar seus débitos para com a Justiça Divina, para que possa gradualmente liberar-se do comprometimento junto a suas vítimas. Por isso, envolve-as com muito carinho, orando por elas e suplicando perdão pelo mal que lhes causou.

Inconformados e cheios de revolta, seus desafetos desencarnados ainda não conseguem perdoar-lhe, consumindo-se em ideias de ódio e vingança. Ao mesmo tempo, não entendem o que se passa com o bandido sanguinário que conheceram, e que agora é capaz de atitudes tão diferente. Perplexos e incrédulos, acompanham o dia a dia do preso. Julgam-no hipócrita e ladino, acreditando que se utiliza de técnicas novas para iludir a boa-fé dos carcereiros e administradores do presídio.

Não conseguem sequer acreditar que Ovídio tenha realmente mudado. Todavia, pela constância e retidão do comportamento dele, suas vítimas compreenderão, um dia, essa realidade e então serão socorridas, iniciando-se uma nova etapa em suas vidas no Além-Túmulo.

Certamente a história do pequeno Ovídio, o "Andorinha", jamais será esquecida, permanecendo em nossa lembrança como magnífico exemplo de mudança interior e de crescimento espiritual.

REEDUCAÇÃO

*"Espíritas! Amai-vos, eis o primeiro ensinamento;
instruí-vos, eis o segundo."*

(Advento do Espírito de Verdade – O Evangelho
segundo o Espiritismo, Allan Kardec,
cap. VI, item 5, Boa Nova Editora)

Chegamos a grande cidade pelo meio da tarde. Sob a orientação de Galeno, dirigimo-nos para uma rua tranquila em certo bairro de classe média. Paramos defronte de um sobrado. No alto, uma placa branca com letras azuis onde se lia: "Sociedade Espírita Amor e Caridade".

Entramos. O ambiente singelo estava impregnado de vibrações cariciosas e harmônicas. Atravessamos o espaçoso salão de palestras, deserto àquela hora do dia da presença de encarnados, mas onde existia grande movimento entre os companheiros da nossa esfera. Cumprimentamos os servidores do bem e nos encaminhamos para uma sala nos fundos.

Dependurada na porta, uma tabuleta em madeira natural, esculpida artisticamente, informava: "Mocidade Espírita Meimei".

Dentro do recinto, congregavam-se umas duas dezenas de jovens. Reuniam-se uma vez por semana para estudar metodicamente a Doutrina Espírita. Ao chegarmos, liam uma pergunta da obra fundamental da Codificação Kardequiana: *O Livro dos Espíritos*.

Acomodamo-nos, agradavelmente surpreendidos, passando a observá-los. Cada um dava sua opinião, enriquecendo de novas ideias o conteúdo estudado e tornando mais abrangentes as explicações constantes da venerável obra de Kardec.

Entreolhávamo-nos satisfeitos por vermos jovens na Terra envolvidos em estudar, com seriedade, assuntos de tanta relevância. Nós, jovens desencarnados, nos sentíamos em nosso elemento, como se estivéssemos em nossa própria casa, tal o ambiente de fraterno convívio. Experimentei até uma certa inveja – no bom sentido! – pela oportunidade que eles estavam tendo e que eu não tivera quando encarnado. Certamente por falta de merecimento.

A reunião transcorria em clima de saudável bom humor e descontração. Após o estudo da obra básica, alguém leu uma mensagem de cunho doutrinário e o dirigente fez uma prece, encerrando as atividades do dia, auxiliado pelo mentor espiritual do grupo.

Em seguida, houve uma confraternização. Vimos Luciana, a nossa protegida, juntamente com Humberto, receber os cumprimentos dos demais. Era o último dia que os nossos jovens amigos participariam desse grupo como solteiros. O casamento seria realizado no dia seguinte.

– Então, neste horário, amanhã, os nossos pombinhos já estarão casados? – disse alguém.

– É verdade! E esperamos todos vocês lá na cerimônia. Não faltem! – respondeu Humberto, sorridente.

– E poderíamos faltar?! Estaremos lá para conferir e assegurar que vocês não desistam na última hora! – aparteou outro jovem.

– Não se preocupem. Morando na mesma casa, grudarei na noiva desde cedo. Afinal, nunca se sabe! – garantiu Murilo, o irmão de Luciana, sob a risada dos amigos.

– Não tem perigo! Por nada no mundo eu deixaria Humberto escapar! – exclamou Luciana, abraçando o noivo, enquanto o fitava com amor.

A jovem noiva fez uma pausa e, contemplando a todos com os olhos úmidos, completou:

– Nesta oportunidade gostaria de fazer uma coisa que nunca fiz: agradecer a vocês, que tanto me apoiaram esse tempo todo. Passei por momentos muito difíceis, que ninguém ignora, e jamais percebi nos amigos qualquer ideia de julgamento ou de condenação. Ao contrário. Sempre me deram a maior força, estendendo as mãos e me ajudando a sair do buraco.

Contida pela emoção, Luciana não conseguiu continuar. Escondeu o rosto no peito de Humberto, que a envolveu com muito carinho, também emocionado.

– É isso aí, gente! – disse o noivo. – Luciana colocou muito bem seus sentimentos em relação a todos vocês. E eu faço minhas suas palavras, acrescentando também nossa gratidão ao Espiritismo, essa Doutrina bendita, sem a qual não estaríamos aqui neste momento. Devemos esta felicidade ao concurso de todos. Portanto, não faltem ao nosso casamento. Vocês também são responsáveis!

Uma salva de palmas explodiu, vigorosa. Enxugando as lágrimas, Humberto e Luciana foram abraçados por todos os membros do grupo, que vinham apresentar seus cumprimentos.

A equipe espiritual responsável pela "Mocidade Espírita Meimei" e nós, visitantes, ficamos também extremamente comovidos.

Nesse instante, vinda do Alto, uma intensa claridade se fez presente, inundando o ambiente. Uma entidade feminina de radiosa beleza surgiu aos nossos olhos. Trajava vestes brancas e cintilantes, tinha cabelos e olhos escuros e um sorriso encantador. Era a patrona do grupo de jovens, que tinha vindo dar a sua contribuição: Meimei.

Abrindo os braços níveos, cingiu todos os presentes – encarnados e desencarnados – num mesmo amplexo. Em seguida, ergueu a fronte nobre e, com os olhos grandes e serenos, fitando o Alto, proferiu uma prece de beleza intraduzível para o vocabulário comum ao círculo encarnado. Tentarei reproduzi-la, embora palidamente:

– Generoso Amigo, Fonte inesgotável de amor e energia! Jamais poderemos agradecer o suficiente todas as dádivas que temos recebido do Teu coração amoroso. Por tanto tempo estagiamos entre a degradação e o erro, Senhor, mas hoje Te buscamos a presença gloriosa que nos inunda de luz, cientes da responsabilidade que nos cabe. Nosso propósito é servir-Te sempre, através do amor aos nossos irmãos em desvalimento.

Aproveitando uma pausa que se fizera, abri os olhos por um momento e notei que forte luminosidade vertia do Infinito como chuva, cujos pingos resplandecentes e prateados caíam sobre a generosa entidade e depois se espargiam sobre cada um dos que ali estavam, especialmente Humberto e Luciana, a quem, notei, eram dirigidas as homenagens, pelo momento especial que estavam vivendo. Meimei prosseguia:

– Por isso, Senhor, Te rogamos sempre novas oportunidades de trabalho bendito e redentor, para que possamos plantar as sementes do Teu Evangelho no terreno fértil de quantos estejam necessitados da Tua Luz.

"Aceita a nossa boa vontade e o desejo de servir que já experimentamos, apesar de nossas deficiências. Socorre os infelizes através de nós para que nos reconheçamos úteis e merecedores das bênçãos que temos recebido ininterruptamente de Tuas mãos generosas.

"Fortalece-nos, Jesus, em todos os instantes, para que estejamos sempre contigo, assim como sabemos que sempre conosco estás! Bendito sejas, Senhor!"

A gloriosa entidade terminou a prece e continuamos ainda sentindo as bênçãos do Alto traduzidas em vibrações harmoniosas e amoráveis que se espalhavam pelo ambiente.

Terminada a reunião, os encarnados retornaram a seus lares sentindo que algo de muito grandioso tinha ocorrido naquela oportunidade.

Humberto e Luciana, de mãos dadas, caminhavam pelas ruas, sem pressa. Queriam gozar mais um pouco daquela sensação inefável de bem-estar que lhes dominavam o íntimo.

Sabiam que, voltando para casa, aquela paz não perduraria por muito tempo. Seriam envolvidos no turbilhão dos preparativos para o casamento. O próprio Murilo despedira-se deles alegando ter obrigações urgentes a cumprir, conferidas pela mãe e relacionadas à festa. Havia tanta coisa para se fazer!

Luciana caminhava lembrando as mudanças que se operaram em sua vida, desde aquele dia em que atropelara Humberto.

– O que está pensando, minha querida? Preocupada com o casamento? – indagou ele, afetuoso.

– Não, Humberto. Pensava nas mudanças que minha vida sofreu desde que nos conhecemos. Lembra-se?

– Como poderia esquecer? – disse ele, apertando mais fortemente a mão dela.

– Parece que foi ontem! Eu tinha acabado de sair do hospital. Brigara com meus pais e, completamente desatinada, peguei o carro. Quase matei você, que vinha de bicicleta em sentido contrário!

– E eu pensei: "Quem será essa criança louca que dirige um carro, quando deveria ainda estar brincando com bonecas?!"

Riram os dois.

– Sério? Foi isso mesmo que você pensou de mim?!...

– E que mais poderia pensar? Você tinha apenas dezesseis anos...

– Quase dezessete.

– Correto. Você tinha dezesseis anos – quase dezessete! – e aparentava não ter mais do que catorze anos! Agora, o que me deixou perplexo naquela noite foi vê-la ingerindo uísque como se fosse água.

– Hoje consigo ver com clareza a minha situação. Quanto fiz de errado! Naquele dia, entretanto, achei você muito "careta"!

VIVER SEMPRE VALE A PENA
| 241

– Mas confesse que gostou desse "careta"!

– Muito! Muito! Olhe, Humberto, se não fosse por você e pelo grupo, eu não teria me livrado das drogas.

– Todavia, Luciana, você deve ser bastante lúcida e coerente consigo mesma. Será que está realmente livre do vício? Lembre-se de que ainda por duas vezes, depois da overdose, você teve recaídas e precisou ser internada para desintoxicação.

– Precisa lembrar-me disso, Humberto? Justamente hoje?!...

– É necessário! Quero que fique bem atenta para não escorregar novamente, querida.

– Tem razão, Humberto. Mas, com você a meu lado, tenho certeza de que vencerei qualquer obstáculo.

– Sim, estarei ao seu lado, apoiando-a nas horas de dificuldades. No entanto, não poderei estar junto de você em todos os momentos, entende? Por isso, precisa desenvolver defesas íntimas e confiança em si mesma.

Luciana concordou com expressivo gesto de cabeça, e continuaram caminhando calados, cada qual imerso em seus pensamentos.

Podíamos perceber o que ia na mente de Humberto. Víamos imagens e cenas que fluíam. Lembrava-se ele do dia em que adentrara a casa de Luciana, onde já era esperado. Ela não estava. Tinha ido fazer compras, e ele sabia disso. Os pais de Luciana o receberam na sala, ansiosos para saber qual o motivo da visita. Murilo também estava presente, a pedido de Humberto.

O rapaz começou falando da sua preocupação com o precário estado de saúde de Luciana. Ela tinha acabado de sair de um hospital onde se internara, a pedido dele, para lutar contra o vício. Falou do seu desejo de casar-se com ela, apesar da pouca idade da jovem, que mal completara dezoito anos. Assim, estariam mais próximos e ele teria condições de ajudá-la melhor. Esclareceu também que estava trabalhando numa empresa e que o salário era razoável, o que lhe permitiria manter uma casa e dar a Luciana um certo conforto.

Quando terminou de falar, Dr. Onofre e Dona Beatriz trocaram um olhar de entendimento, permanecendo calados. Murilo intercedeu, dando a maior força para Humberto, afirmando que Luciana o ouvia e acatava, dada a ascendência moral que o namorado exercia sobre ela.

Dr. Onofre pigarreou e, remexendo-se na poltrona, deu, afinal, a sua opinião, que o rapaz aguardava com ansiedade crescente:

– Bem, em princípio, eu e minha esposa não temos nada contra. Sabemos que Luciana o ama, Humberto, e as mudanças que se operaram nela, desde que o conheceu, são significativas. Apesar de termos sido pegos de surpresa com o pedido de casamento, certamente não ignorávamos o namoro de ambos. Eu, particularmente, sabia que saíam juntos, mas não julguei que a coisa fosse tão séria. Assim, tenho uma proposta a lhe fazer. Quer trabalhar comigo? A empresa vai bem e lhe poderei pagar um bom salário. Como Murilo não se interessa mesmo pela construtora e Luciana tem parte nela, você poderá, com o tempo, me substituir na direção da empresa. O que acha?

Humberto baixou a cabeça, parecendo meditar por alguns segundos; em seguida, erguendo os olhos, respondeu, sereno:

– Dr. Onofre, a sua proposta é muito generosa e bastante tentadora. Contudo, não creio que deva aceitá-la. Por favor, não se sinta ofendido. Agradeço-lhe profundamente a oferta e sei que tem as melhores intenções, porém acho que devemos ter vida própria e independente. Talvez no futuro – quem sabe! –, quando a situação estiver equilibrada e tivermos resolvido alguns problemas, isso seja possível.

– Mas Luciana está acostumada a viver com conforto e a ter tudo que deseja, meu rapaz! – afirmou o pai, um tanto descontente com a atitude do futuro genro, talvez ditada pelo orgulho.

– Exatamente. Por isso, quero que o senhor e Dona Beatriz entendam o meu ponto de vista. Não quero que pensem que é por excesso de amor-próprio, ou orgulho. Acredito realmente que uma parte dos problemas de sua filha se deve ao fato de ter tido sempre tudo o que deseja. Inclusive o dinheiro para a compra das drogas.

VIVER SEMPRE VALE A PENA

Fez uma pausa, avaliando o efeito de suas palavras. Os donos da casa tinham abaixado a cabeça, constrangidos, compreendendo a veracidade das afirmações e sentindo-se responsáveis.

– Desculpem-me. Acreditem, minha intenção não é criticá-los ou culpá-los, estou apenas analisando racionalmente a situação. Sei que este é um ponto doloroso, mas precisamos enfrentá-lo.

– Continue – incentivou o dono da casa, interessado.

– Assim, como medida pedagógica, quero que Luciana aprenda a viver com o que lhe posso proporcionar com meu salário; que se ocupe com os afazeres domésticos, trabalhando e sentindo-se útil; que compreenda que nossos recursos serão restritos ao básico, não sobrando para os luxos e supérfluos a que está acostumada. Sei que, nos momentos de crise, ela provavelmente irá procurá-los, pedindo ajuda e dinheiro, que, em hipótese alguma, deverão dar. Só assim Luciana encontrará dentro de si mesma a segurança e a firmeza necessárias para vencer o vício.

Fez nova pausa e concluiu:

– Se concordarem com as minhas condições, estou disposto a casar-me com ela e a fazer tudo para torná-la feliz.

Os pais estavam boquiabertos. Diante de tanta clareza de objetivos e de tanta convicção, não puderam deixar de concordar, satisfeitos e esperançosos. E até um tanto aliviados, pois a filha, que sempre fora um problema para eles, passaria a ser de responsabilidade do marido.

– Quero dizer-lhe, Humberto, que jamais vi tanta maturidade em alguém tão jovem. Entregamos-lhe nossa filha com a certeza de que fará o melhor – assegurou Dr. Onofre, sorridente, com o assentimento da esposa.

– Bem, já que tenho o consentimento dos senhores, vou falar com Luciana. Afinal, ainda não sabe dos meus planos!

Onofre abraçou o futuro genro com admiração crescente; era muito raro um rapaz pedir primeiro a autorização dos pais.

Depois, tudo fora muito rápido. Luciana aceitou seu pedido de casamento e agora estavam na véspera do grande dia.

Humberto olhou para a noiva, que caminhava a seu lado, apertando-lhe a mão com carinho. A noite se aproximava de mansinho e as primeiras estrelas apontavam no firmamento.

Chegaram à casa de Luciana e entraram, resignados ao inevitável. O tumulto os envolveu. Muitos parentes já haviam chegado de longe e o ambiente era de festa.

Entramos, também participando da alegria geral. Fomos recebidos pela avó Adelina, que não cabia em si de tanta felicidade.

O CASAMENTO

*"Deus quis que os seres estivessem unidos
não somente pelos laços da carne, mas pelos da
alma, a fim de que a afeição mútua dos esposos
se transportasse para seus filhos, e que eles
fossem dois, em lugar de um, a amá-los, a
cuidá-los e fazê-los progredir."*

(O Evangelho Segundo o Espiritismo, Allan Kardec,
cap. XXII, item 3, Boa Nova Editora)

No dia seguinte, dez minutos antes da hora marcada para a cerimônia, demos entrada no salão do clube onde seria realizado o casamento.

O amplo recinto encontrava-se luxuosamente decorado. Sob as luzes, vimos mesas recobertas com toalhas brancas, cada qual enfeitada com uma linda taça de cristal contendo uma vela, em meio a um arranjo de rosas cor de chá e mimosas margaridas.

Guirlandas tecidas com as mesmas flores subiam pelas colunatas, produzindo um efeito encantador. Tapete vermelho cobria o chão, estendendo-se da porta principal, por onde

| 247

deveria entrar a noiva, até a mesa envolta com belíssima toalha de rendas, onde seria oficiado o casamento.

Os convidados, trajados com esmero, esperavam com ansiedade o grande momento. Os padrinhos encontravam-se já posicionados no local, bem como o juiz de paz, um tanto impaciente, e o noivo, elegante num discreto terno cinza.

Presente no local, não apenas os encarnados, mas grande quantidade de desencarnados, amigos e familiares que tinham vindo prestigiar a cerimônia.

Comentávamos alguns detalhes da decoração, quando se ouviu um rumor vindo do fundo do salão. A noiva havia chegado.

Fez-se silêncio e, ao som da "Marcha Nupcial", os convidados levantaram-se. A noiva apontou na entrada principal, sendo recebida por seu pai, Dr. Onofre.

Um "oh!" de admiração espalhou-se no ar. Luciana estava belíssima!

Enquanto ela avançava lentamente, uma grande emoção invadia nossos corações. Entreolhamo-nos, pois sabíamos o que cada um estava pensando. Quanto esforço fora gasto até culminar nesse momento sublime! Sentíamo-nos intimamente gratificados pelo trabalho desenvolvido na recuperação de nossa irmã.

Apesar da frieza da autoridade civil – que oficiava a cerimônia automaticamente, por obrigação legal, e da qual desejava livrar-se tão rápido quanto possível –, no plano espiritual os amigos e parentes os envolviam com muito amor, em vibrações dulcificantes que, atingindo os encarnados presentes mais ligados ao lado espiritual da cerimônia, produziam grande sensação de paz.

Uma entidade de alta elevação desceu nesse instante com os braços estendidos, enlaçando os noivos. De sua região torácica, partiam raios cor de safira dirigidos ao casal. A partir desse momento, os noivos ficaram inundados da mesma claridade, bem como as alianças que eles trocavam naquele instante.

O ser angélico elevou a fronte e, surpresos, percebemos que ele não orava com os lábios. Seus pensamentos se exteriorizavam de forma sublime em direção às Altas Esferas, como se mergulhados em melodias divinas de sonoridades intraduzíveis ao ouvido comum.

Buscamos Galeno com o olhar, num mudo pedido de explicação. Entendendo o nosso justo anseio de informações, ele murmurou discretamente:

– Estão vendo a Misericórdia Divina em ação, através de um Enviado de Maria de Nazaré, a doce Mãe de Jesus e Protetora dos Infelizes, que se faz presente neste instante de tão grande magnitude para o futuro de quantos estão vinculados a este caso.

Galeno fez uma pausa, esperando que avaliássemos melhor o que estava acontecendo diante de nossos olhos, e prosseguiu:

– Agora, observem melhor! Olhem ao redor dos noivos.

Ao reparar neles, vi, então, um vulto que até aquele instante ainda não tinha chamado minha atenção. Era um espírito desencarnado, aparentando uns quarenta anos, de aspecto triste e sofrido. Sumamente emocionado, acompanhava a cerimônia com interesse. Notei, porém, que estaria apenas vendo o lado material do evento, pelas suas condições espirituais um tanto inferiores.

– Quem é ele? – indaguei surpreso, fitando Galeno.

– É alguém que estará mais perto dos nubentes de ora em diante com vistas a um futuro renascimento.

– Será filho de Luciana e Humberto? – perguntou Virgínia, desejando confirmação.

– Exatamente. Trata-se de antigo desafeto de Luciana, que obteve a bênção de renascer no novo lar que se forma, para reajuste e refazimento dos laços afetivos danificados no passado. Como podem ver, a Sabedoria Divina não perde tempo. Tempo é oportunidade que não pode ser desperdiçada impunemente.

Refletíamos sobre a grandeza do Criador, que, de forma sábia e justa, descortina sempre novos caminhos para ajudar os fracassados de outrora, aproximando os que erraram, vítimas e algozes, para nova oportunidade de progresso.

A luminosa Entidade já tinha partido e tudo voltara ao normal. Os recém-casados recebiam os cumprimentos dos convidados, quando vovó Adelina aproximou-se do nosso grupo.

– Ainda uma vez desejo expressar minha gratidão pelo muito que fizeram por minha neta. Se hoje eles são felizes, é graças a vocês.

Galeno abraçou-a com amplo sorriso, considerando:

– Não fizemos mais do que nosso dever, minha irmã. Agradeçamos todos a Deus, nosso Pai, que nos proporcionou as condições necessárias para que o socorro fosse prestado.

– Certamente, bondoso Galeno. Tenho feito isso todos os dias. Faltava externar meu reconhecimento a esse grupo de jovens que tanto nos tem ajudado.

Vovó Adelina abraçou cada um de nós com imenso carinho. No final, afirmou:

– Coloco-me à disposição de vocês para o que se fizer necessário. Se precisarem de ajuda, naquilo que puder ser útil, serei uma servidora de todos. Contem comigo!

Agradecemos a generosa oferta. Nada mais tínhamos a fazer ali. Agora, a festa estava começando. Garçons deslizavam por entre as mesas levando bebidas e salgadinhos. O ambiente tornara-se descontraído e alegre. Era hora de partir.

Nesse momento, um servidor do nosso plano entrou no salão. Ao ver Galeno, a ele se dirigiu diretamente, dizendo-lhe algo em voz baixa.

Nosso instrutor agradeceu o mensageiro e, virando-se para nós com expressivo gesto, informou:

– Bem a tempo. Nossa presença está sendo requisitada em outro local. Partamos!

O MILAGRE DA VIDA

*"Em verdade, em verdade te digo: Quem
não nascer da água e do espírito, não pode
entrar no reino de Deus."*

(João, 3:5)

O momento tinha chegado. Maria Rita, nossa protegida, havia entrado em trabalho de parto, e estávamos sendo requisitados para ajudá-la, visto que mantivéramos estreita ligação com ela, acompanhando de perto sua gravidez e assistindo-a nos momentos mais difíceis.

O casamento se realizara sem delongas e sem grandes preparativos, como era desejo dos noivos. A gestação estava um tanto adiantada e era conveniente que regularizassem a situação o mais rápido possível.

O jovem casal passou a residir numa pequena e confortável casa, presente dos pais de Roberto, localizada em bairro residencial simpático e atraente, com jardins e árvores frondosas.

Nessa noite, Maria Rita passara a sentir as primeiras contrações. A bolsa amniótica se rompera e a criança não tardaria a nascer.

Estávamos eufóricos! Sempre é algo fascinante o nascimento de um novo ser! No entanto, algumas preocupações nos assoberbavam a mente: os excessos que Maria Rita cometera no início, visando expulsar o feto, produziram sequelas no pequeno organismo. A gestação apresentara alguns problemas e o nascituro era pequeno e frágil, não tendo o desenvolvimento desejável.

Apesar disso, tudo correra relativamente bem, graças à assistência espiritual. Agora, concluído o período gestatório, só nos restava aguardar o grande momento.

Estava previsto que seria feita uma cesariana, em virtude de particularidades orgânicas da parturiente, que não poderia ter um parto normal.

Assim, quando chegamos ao hospital, Maria Rita já estava preparada para a cirurgia, aguardando somente a chegada do médico-cirugião, previamente contactado.

Um tanto nervosa, ela requeria fluidos calmantes para manter-se em boas condições físicas e emocionais. Procuramos envolvê-la com amor, de forma que se mantivesse segura e confiante.

Levada em uma maca, deu entrada na sala cirúrgica, onde a equipe médica se encontrava a postos.

Nesse meio-tempo, um alarme soou no nosso plano. Um servidor entrou apressado e comunicou ao médico-chefe, responsável pela equipe espiritual, que o cirurgião adentrara o prédio do hospital sem condições de equilíbrio físico e emocional. Ingerira alcoólicos e estava despreparado para proceder à intervenção cirúrgica.

– Mas como foi isso, Saul? – indagou a veneranda entidade.

– Estava tudo bem, até que o doutor resolveu passar pela casa de um amigo, a caminho do hospital. Este lhe ofereceu uma bebida, a que ele não resistiu, em virtude da sua tendência para o vício. Aceitou, ingerindo uma dose apenas, mas foi suficiente para alterar-lhe as condições orgânicas e a competência profissional.

O médico espiritual pensou um pouco, chamou nosso instrutor e explicou a situação:

– Galeno, fui informado de que o cirurgião não poderá operar. Temos que substituí-lo. Peço-lhe que tome as providências necessárias, meu amigo, visto que preciso centralizar minha atenção na parturiente, que está a exigir cuidados especiais.

Imediatamente, Galeno começou a atuar, no sentido de impedir o trabalho daquele cirurgião, para tanto requisitando-nos:

– Deem a ele sugestões para que reconheça as suas insuficiências e se afaste – ordenou ao César Augusto e a mim, que estávamos mais próximos.

Recebendo a tarefa, em seguida nos pusemos a trabalhar. Contudo, o médico ignorava nossas sugestões mentais, continuando a preparar-se normalmente para a cirurgia. Tentamos tudo, mas ele se mantinha impermeável às intuições que lhe desfechávamos. Ele ouvia, mas não aceitava ser substituído, retrucando mentalmente:

"Estou bem. Estou ótimo. Apenas um ligeiro mal-estar, que passará em breve, tão logo comece a operar."

Com o auxílio de uma enfermeira, vestiu o jaleco, assentou a máscara, fez assepsia das mãos, calçou as luvas e deu entrada na sala cirúrgica.

César e eu estávamos assustados. Sentindo-nos impotentes para dar conta da tarefa que nos fora confiada, colocamos Galeno a par de nossas dificuldades.

– O médico continua firme no propósito de realizar a operação! – dissemos ao mesmo tempo.

Galeno nos tranquilizou, afirmando sereno:

– Não se preocupem. Ele "não" fará a cirurgia.

O cirurgião-chefe já tomara as primeiras providências para o início da operação, dando uma ordem à enfermeira:

– Bisturi!

Galeno aproximou-se do profissional imprevidente e colocou a destra sobre seu plexo cardíaco. No mesmo instante, ele se dobrou sob o influxo de dor aguda na região torácica, enquanto a vista se turvava e as pernas se arqueavam sem controle. Foi um segundo só, mas o suficiente para ser notado. O médico assistente correu para atendê-lo, assumindo a direção. Ordenou a um dos membros da equipe que retirasse o colega da sala e lhe dispensasse o socorro necessário, enquanto daria prosseguimento à cirurgia, visto que a paciente já estava anestesiada e não tinham tempo a perder.

Daí por diante, o médico espiritual, atuando sobre o jovem doutor, fez com que a operação transcorresse em clima de tranquila segurança. Em pouco tempo a criança era retirada do útero materno e dava o primeiro vagido, assegurando seu direito à vida!

Quando o jovem médico segurou nos braços aquele pequeno ser, sujo e ensanguentado, indefeso e chorão, sensibilizou-se até as lágrimas. O espetáculo da renovação da vida é sempre algo sublime e impressionante. Impossível não nos prosternarmos ante a Majestade Suprema do Universo, agradecidos e maravilhados pela nova existência, pelo milagre do renascimento.

Nós, que nos conserváramos na torcida, emocionados, elevamos os pensamentos ao Criador por mais esta bênção, intimamente gratificados.

Maria Rita passava bem e, algumas horas depois, já desperta, recebia nos braços, pela primeira vez, o recém-nascido, em meio aos familiares que queriam conhecê-lo.

Agora limpo e bem agasalhado, o pequeno dormia placidamente entre as rendas e cambraias do enxoval.

Maria Rita fitou o filhinho com profundo amor, enquanto o colocava ao seio para acostumá-lo à sucção e para incentivar a formação do leite, que o nutriria daí por diante.

Roberto, encantado, não se cansava de admirar o bebê, envolvendo a mãezinha com carinho redobrado.

Não pude evitar a lembrança das dificuldades que cercaram este caso, a rejeição de Maria Rita pelo filhinho, no início da gestação. Que mudança se operara na sua e na vida de todos os personagens desta história! Quanto se pode fazer quando se tem amor e compreensão pelos semelhantes. E, especialmente, quando se aprende a perdoar.

Uma vida que se renova é sempre uma bênção de Deus em benefício de Suas criaturas, aproximando os seres para os reajustes perante a Lei e para o refazimento das ligações afetivas, não raro danificadas no passado por comportamentos destrutivos.

Nesse instante, a vovó Marlene, mãe de Roberto, indagou curiosa:

– E então, já escolheram o nome do garoto?

Roberto e Maria Rita se fitaram com olhar cúmplice e apaixonado. Em seguida, sorrindo, a mãezinha afirmou:

– Nosso filho se chamará Osório, como o avô.

O pai de Roberto, pego de surpresa, não conseguia controlar a emoção. O peito parecia querer explodir de alegria. Jamais poderia esperar que sua nora, a quem sempre fizera oposição, aceitasse colocar o "seu" nome no bebê.

Aproximou-se cheio de gratidão, abarcando num mesmo abraço os jovens pais e o recém-nascido que dormia, incapaz de perceber a importância daquele momento.

Desfaziam-se, a partir daí, as últimas resistências do passado e uma nova era de entendimento surgia, renovando aquelas vidas sedentas de paz.

O Espírito daquele que fora Romualdo, agora feliz, repousava finalmente, nos braços amorosos de sua mãe.

Satisfeitos e gratificados, envolvendo a todos em vibrações fraternas e amigas, deixamos o hospital rumo a Céu Azul.

RETORNO À ESPIRITUALIDADE

"Amarás o Senhor teu Deus de todo o teu coração, de toda a tua alma e de todo o teu entendimento. Este é o grande e primeiro mandamento. O segundo, semelhante a este, é: Amarás o teu próximo como a ti mesmo. Destes dois mandamentos dependem toda a lei e os profetas."

(Mateus, 22:37 a 40)

Numa linda tarde de sol, conversávamos na varanda de nossa casa gozando de alguns momentos de tranquilidade e descontração em horário consagrado ao repouso, pausa gratificante em meio às nossas intensas atividades, quando recebemos aviso de que nós, do "Grupo de Ajuda aos Suicidas em Potencial", deveríamos nos reunir em nossa sede. Surgira uma emergência.

Logo Galeno nos informou do que se tratava. Era Raul, nosso protegido, em fase terminal da existência física, que estava a exigir cuidados.

Rapidamente nos deslocamos até a Crosta. Enquanto volitávamos, eu ia lembrando o caso do nosso amigo Raul.

Durante esse período – desde que tomamos conhecimento do caso até o presente momento –, estivemos junto dele sempre que possível.

Acompanhamos o desenvolvimento da doença, as reações adversas, os vestígios indisfarçáveis que deixava à sua passagem, a queda da resistência orgânica que os medicamentos não conseguiam evitar, o perigo sempre constante de infecções. Mas também acompanhamos a gradativa e promissora mudança espiritual que se processava lentamente em seu íntimo. A nova compreensão que lhe dilatava a mente em torno dos problemas da vida, a aceitação da enfermidade avassaladora que lhe ceifava a vitalidade juvenil, a resignação perante a dor e o sofrimento, consciente da lei de causa e efeito que rege o Universo, a inabalável firmeza de ânimo e o otimismo contagiante com que enfrentava as dificuldades.

Tudo isso fizera de Raul um querido amigo, que conquistara a nossa amizade pela dignidade e pela garra com que enfrentava as provações.

Para essa mudança radical que se estabelecera em sua vida, em muito contribuiu a atenção dos jovens da Mocidade Espírita, que o adotaram e que nunca o deixavam solitário ou desamparado, especialmente Gabriela, a antiga colega de trabalho, a quem ele se afeiçoara profundamente.

Assistiam-no em tudo, procurando evitar aborrecimentos que pudessem agravar-lhe o estado de saúde. Até seus problemas econômicos os amigos encarnados tentavam resolver, equacionando-os sem que Raul soubesse.

Chegamos. Logo à entrada a mudança era grande. A pequena casa, em estilo colonial, achava-se inundada em branda claridade que denotava a elevação do ambiente e o hábito da oração. Servidor do nosso plano postava-se à entrada, zelando pela segurança da residência.

Entramos. Uma cena de beleza tocante nos aguardava. Raul, acomodado em poltrona reclinável, era pálida sombra do que fora. Quando o conheci, era um jovem em pleno vigor dos vinte e cinco anos, de bastos cabelos escuros, pele clara e olhos tristonhos, traduzindo a aflição que lhe ia no íntimo em virtude dos inquietantes problemas de saúde que haviam surgido. Alto, porte atlético, certamente atraía a atenção das moças. Agora, extremamente magro, consumido pela enfermidade, parecia menor, encolhido na poltrona. Apresentava os cabelos ralos, as faces encovadas e a pele enrugada, coberta de manchas escuras e com algumas pequenas feridas, que indicavam falta de defesa orgânica contra os ataques microbianos. Mas, apesar de tudo, os olhos tinham uma expressão sorridente e jovial que atraía e encantava, deixando patente a nova atitude mental, bem diferente da daquele rapaz atormentado que conhecêramos antes.

Rodeado de rapazes e moças, participava, tanto quanto possível, da conversa. Falando com dificuldade, em virtude da insuficiência respiratória que o acometera ultimamente, afirmava:

– Desconfio de que estou sendo pesado para vocês, meus amigos. Ninguém me dá notícias de nada!... estou vivendo num paraíso, sem preocupações, sem problemas... mas à custa de quem? Acabo de sair de um hospital em que permaneci por quinze dias, com pneumonia, e ninguém me apresentou a conta.

– E você está se queixando por quê? – indagou Gugu, um dos rapazes do grupo. – Tem mais é que agradecer a Deus! Tem tudo o que precisa, é "paparicado" por todos nós, está sempre rodeado de amigos...relaxe e aproveite!

Ele sorriu, compreensivo:

– Sei disso e é exatamente o que me preocupa. E minhas contas? Há muito não vejo recibos de água, luz, telefone...

– Esqueça! Seus credores é que devem se preocupar! – asseverou Juliano, brincalhão.

Gabriela, externando imenso carinho, ponderou:

– Compreendo a sua inquietação, meu amigo, mas não tem motivos para se preocupar. Está tudo sob controle.

– Agradeço-lhes ainda mais por isso. Mas, como não me preocupar? Quem está pagando meus débitos? Preciso saber!

Relanceou o olhar suplicante ao redor e insistiu:

– Quem vai me contar?

Gabriela respirou fundo e dispôs-se a falar:

– Está bem, Raul! Já que você insiste, só me resta contar. Trata-se de alguém muito rico e generoso que quer permanecer no anonimato. Frequenta a nossa Casa Espírita, soube do seu problema e quis ajudar. Para ele, esse dinheiro não fará falta, acredite.

Raul aquietou-se. Uma secreta intuição lhe dizia que seus amigos estavam fazendo imensos esforços para cobrir-lhe as despesas. A grandeza de suas almas avultava ainda mais aos seus olhos. Resolveu que não faria mais perguntas. Se era assim que eles queriam, assim seria. Faria de conta que engolira essa história de "protetor anônimo" para alegrá-los. Para brincar com os amigos, afirmou, jovial:

– Terei muito prazer em conhecer esse amigo anônimo. Traga-o aqui, Gabriela, para que eu possa lhe agradecer de viva voz tudo o que tem feito por mim.

– Certamente! Qualquer dia eu o trarei – disse a jovem de forma evasiva.

Estava na hora do "Evangelho no Lar". Abriram ao acaso o *O Evangelho segundo o Espiritismo* e leram a página: "Os Infortúnios Ocultos", um belo comentário de Allan Kardec sobre o tema "Não saiba a vossa mão esquerda o que dê a vossa mão direita", constante do capítulo XIII.

Cada um expôs suas ideias sobre o assunto. Raul acompanhou calado e pensativo. Ao final, apesar do cansaço e da dificuldade respiratória, ele quis dar também sua contribuição. Fitando um por um os amigos que ali estavam, considerou:

– Sou bem um atestado da aplicação dessa bela mensagem que foi lida. Vocês têm sido verdadeiros amigos e jamais poderei agradecer-lhes o suficiente por tudo quanto têm feito por mim. Souberam descobrir os meus "infortúnios ocultos" e, generosamente, se dispuseram a saná-los.

Fez uma pausa e prosseguiu:

– Com a convicção que tenho hoje da continuidade da vida e da lei das reencarnações, sei – "sinto"! – que não somos amigos por acaso. Provavelmente, já teremos nos encontrado antes no passado e voltaremos a nos rever certamente no futuro. A dedicação de vocês é tão grande que me toca profundamente o espírito.

Interrompido por uma crise de tosse, parou de falar. Todos estavam comovidos. Quando cessou a dispneia, prosseguiu:

– Não ignoro que pouco tempo me resta aqui na Terra. Meu pobre corpo está sem condições de prosseguir servindo-me. Contudo, graças a vocês, nada temo. Estou preparado para enfrentar a grande viagem com confiança e serenidade. Mas quero que saibam: jamais os esquecerei. Da Espiritualidade, estarei com vocês em pensamento, até ajudando, se estiver em condições e se Deus o permitir.

Os encarnados presentes, com os olhos úmidos, mal continham a emoção. Nós também não nos furtávamos à beleza do momento, igualmente comovidos.

E concluiu, com os olhos brilhantes de lágrimas:

– Desejo ser para vocês "do lado de lá" da vida o anjo bom que foram para mim "do lado de cá". Que Deus os abençoe!

Abraçaram-se todos naquele momento de tanta significação, permutando sentimentos e vibrações maiores, certos como estavam de que o amigo não tardaria a partir.

Alguém se lembrou de que o lanche estava pronto, quebrando a emoção daquela hora. Começaram a servir sanduíches, bolos, salgados e sucos, para contentamento geral. Para Raul, um caldo reconfortante e nutritivo feito por uma das jovens. Dentro em pouco, o ambiente tornara-se descontraído e alegre.

Algum tempo depois, os amigos começaram a se despedir. Ficariam apenas dois de plantão: Gabriela e Juliano. Há alguns dias tinham decidido que Raul não poderia ficar sozinho à noite, apesar dos protestos do doente, que afirmava estar passando muito bem e não querer incomodar ninguém.

– Você vai-nos tirar o prazer de fazer-lhe companhia, Raul? – considerou Gabriela com sorriso cativante.

– Bem, se é assim, só me resta concordar, com satisfação.

Dessa forma, os amigos passaram a revezar-se à cabeceira do doente. A verdade é que Raul precisava de cuidados intensivos.

VIVER SEMPRE VALE A PENA

Quando ainda no hospital, o médico, à falta de um parente, colocara os amigos a par da condição real de Raul:

– Sabem que seu sistema imunológico encontra-se irremediavelmente afetado pela doença e, em virtude disso, Raul, muito enfraquecido pela pneumonia, poderá não resistir. Sua insuficiência respiratória é grave. Estou dando alta ao meu paciente porque ele insistiu em voltar para casa e sabe – acredito –, que vai morrer em breve. Por isso, deseja estar ao lado dos amigos. Então, cuidem bem dele. Se surgir qualquer problema, me comuniquem. Estarei à disposição.

– Mas, e se ele precisar de respiração artificial, doutor? – indagou alguém.

– Não se preocupem. Já deixei ordem com a enfermeira-chefe para mandar um equipamento com tudo o que é necessário. Sabem como agir e não terão maiores dificuldades.

Tendo em vista a franqueza do médico, compreenderam que o amigo estava em fase terminal de existência.

Dali por diante o envolveram ainda com mais carinho e atenções.

Naquele dia, após a saída dos companheiros, Gabriela e Juliano ficaram conversando por mais algum tempo. Transportaram Raul para o quarto, acomodando-o no leito, e permaneceram a seu lado.

O enfermo estava calado, algo distante, quando Gabriela perguntou amavelmente:

– Está sentindo alguma coisa, Raul?

Ele virou-se para a amiga e sorriu enigmaticamente, afirmando:

– Nossos amigos espirituais estão aqui. Sente a presença deles?

Gabriela concordou com expressivo gesto de cabeça. Estava emocionada.

– Sim, já tinha percebido, Raul. O ambiente está leve e agradável.

– Mas, você está muito sensível! Quem diria! Até alguns meses atrás nem acreditava na existência do plano espiritual! – asseverou Juliano, surpreso.

– É verdade, meu amigo. Mas esses meses, preso ao leito, têm sido uma bênção e um aprendizado constante. Além disso, estou mais "para lá" do que "para cá", e isso faz com que viva mais facilmente entre os dois planos da vida.

Gabriela achegou-se mais a ele e disse, contendo a emoção, enquanto lhe ajeitava as cobertas:

– Agora, chega de conversa. Está tarde e precisa descansar. Não pode gastar suas energias inutilmente, meu querido. Boa noite!

Deu-lhe um beijo na testa e acomodou-se no outro leito, fingindo que ia dormir. Juliano ajeitou-se num sofá e, em pouco tempo, estava realmente adormecido.

Ouvindo-o ressonar, Gabriela pensou: "Belo acompanhante! Acho que embarcou antes do doente!"

A jovem observou Raul, tentando perceber se estava acordado, mas ele permanecia imóvel e, na medida do possível, tranquilo. Pôs-se a orar, pedindo mentalmente a ajuda das entidades desencarnadas ali presentes. Naquele momento, experimentava estranha apreensão; uma angústia imensa instalara-se-lhe no íntimo. Intuitivamente sabia que nós, os amigos da Espiritualidade, viéramos buscá-lo. Apesar de toda a sua confiança e conhecimento, uma dor profunda constringia-lhe o peito.

Entre lágrimas silenciosas e discretas, por longo tempo manteve-se em oração.

Raul, de olhos fechados, entregue a si mesmo, também meditava. Entre a vigília e o sono, divisava nitidamente a nossa presença. Afinal, desprendeu-se do envoltório carnal e, sorridente, foi ao nosso encontro.

Abraçamo-nos, trocando cumprimentos e palavras gentis. Fitando Galeno, Raul questionou, ansioso:

– Sinto que vieram buscar-me, não é verdade?

Galeno colocou-lhe a mão no ombro e concordou ponderando:

– Sim, meu amigo Raul. É chegada a sua hora. Nada tema. Estamos aqui e tudo será feito da forma mais tranquila possível. Confie em Deus!

Raul estremeceu ligeiramente e retornou ao corpo, auxiliado por Galeno.

Acordou em pranto. Um pranto manso e resignado de quem tem consciência da realidade.

Gabriela percebeu que Raul estava acordado e levantou-se, inclinando-se sobre ele, atenciosa.

– O que aconteceu, Raul? Está chorando!

– É de emoção, Gabi. Sonhei com nossos generosos amigos de Além-Túmulo. Estão todos aqui, inclusive minha mãe.

Gabriela abraçou-o com carinho, deu-lhe um pouco de água e ambos se acomodaram novamente.

Em nosso plano, as atividades eram intensas. Os técnicos em desligamento apresentaram-se, trocaram algumas palavras com nosso instrutor e puseram-se a trabalhar.

Concentramo-nos todos, auxiliando vibratoriamente nas operações que seriam efetuadas dali por diante.

– O que eles vão fazer? – indaguei a Galeno, como o "porta-voz" do grupo em expectativa, visto que era a primeira vez que acompanhávamos uma desencarnação.

Discretamente, o orientador explicou:

– Observem. Auferirão grandes conhecimentos no trabalho que os técnicos desenvolverão daqui em diante.

– Somente eles podem executar a desencarnação de alguém? – perguntou Virgínia, que observava de olhos arregalados.

– Não exatamente. Eu mesmo já tive ocasião de agir em situações semelhantes, quando o momento assim o exigia. Contudo, presentes esses técnicos, a ação compete a eles, em respeito à sua especialidade.

Era chegado o momento. Iniciaram o processo, solicitando que nosso instrutor os auxiliasse na operação, o que ele fez aplicando passes longitudinais ao longo do corpo de Raul. Em seguida, os técnicos desligaram os cordões fluídicos pelo plexo solar. Espantados, reparamos que os membros inferiores se imobilizaram, começando a esfriar.

Eram cinco horas da madrugada. Raul despertou sentindo grande mal-estar, seguido de tosse convulsiva. A dispneia fez com que Gabriela e Juliano pulassem da cama para socorrê-lo, colocando-lhe a máscara de oxigênio. Acusando pequena melhora, Raul agradeceu com o olhar.

Contudo, apesar da respiração artificial, o enfermo piorava a olhos vistos. Apavorado, Juliano chamou o médico imediatamente e telefonou também para um dos amigos, pedindo-lhe que avisasse os outros.

Antes, porém, que qualquer deles chegasse, o agonizante dirigiu um olhar pleno de gratidão e de amor para Gabriela, que chorava a seu lado. Apertou-lhe a mão e, com grande dificuldade, disse:

– Obrigado... por... tudo... minha... querida... Chegou a... minha hora. Não... chore. Estou bem... e contente... nossos... amigos aqui... estão. Até... um... dia... Seja... feliz... Faça... uma prece... por mim...

Com lágrimas descendo pelas faces, Gabriela ergueu os olhos ao Alto e orou fervorosamente a Jesus, suplicando a Ele recebesse em Seu Reino aquele a quem ela tanto aprendera a amar.

Os técnicos, nesse momento, passaram a agir na região do tórax, desligando os laços fluídicos no plexo cardíaco. Espantados, reparamos que uma substância branco-leitosa desprendia-se da organização física de Raul. Em seguida, os operadores direcionaram sua atenção para o cérebro, onde quebraram alguma coisa que, pela distância, não deu para perceber bem o que era. Imediatamente, uma bela luz violeta com reflexos dourados soltou-se-lhe do cérebro e, flutuando algo acima do corpo material, foi formando o contorno de uma cabeça, onde percebemos os traços de Raul. Ao mesmo tempo, as substâncias leitosas se juntavam à cabeça fluídica, formando um corpo em tudo idêntico ao do nosso amigo desencarnante. À medida que o corpo espiritual se compunha, a luz se ia apagando até desaparecer por completo.

Numa crise mais aguda da dispneia, Raul se desvencilhou do corpo carnal já sem condições de manter a vida.

VIVER SEMPRE VALE A PENA

As duas entidades haviam trabalhado exaustivamente. A operação não foi rápida, nem simples, exigindo conhecimentos superiores e avançada técnica.

Quando alguns companheiros chegaram, bem como o médico, Raul já havia partido. Apesar do sofrimento, um ligeiro sorriso fixara-se em seu rosto, conferindo-lhe uma aparência de paz e serenidade.

Entregaram Raul-Espírito à sua mãezinha, que, com imenso carinho, o envolveu em seus braços. Notamos que ainda persistia um cordão prateado ligando Raul-Espírito ao corpo que acabara de deixar.

Galeno, conhecendo nossa necessidade de informação, explicou que o cordão fluídico só seria desligado no dia seguinte, um pouco antes do sepultamento, quando, então, Raul estaria definitivamente liberto dos despojos carnais.

Dona Gertrudes levou o filho para um local isolado, ali mesmo, onde ele permaneceria a seus cuidados até que pudesse ser transportado para nossa cidade, Céu Azul.

Satisfeitos e aliviados, oramos ao Criador agradecendo as bênçãos dessa hora e a operação que fora coroada de pleno êxito.

MISSÃO CUMPRIDA

"Eu sou a ressurreição e a vida. Quem crê em mim, ainda que esteja morto, viverá; e todo aquele que vive e crê em mim, jamais morrerá."

(João, 11:25 e 26)

Raul havia deixado algumas orientações expressando sua vontade, encontradas por Gabriela, bem como os telefones de alguns parentes distantes que deveriam ser avisados.

Assim, um tio e dois primos fizeram-se presentes no velório. Sem grande afinidade com o morto, mantinham extrema frieza de atitudes. Na verdade, haviam-se deslocado de suas cidades apenas porque sabiam que Raul não deixara descendentes e, como seus parentes mais próximos, seriam, em consequência, os herdeiros. Dessa forma, passavam em revista o ambiente, avaliando o valor dos móveis e objetos de decoração existentes na casa, sem lançar um olhar sequer ao defunto, já considerando que não valera a pena ter vindo.

Poucas pessoas ali estavam prestando uma homenagem ao falecido, além dos seus jovens amigos. Alguns antigos colegas de serviço; o proprietário da empresa, Sr. Moura; alguns vizinhos, inclusive Leonor, toda chorosa, e o dono do açougue da esquina. A ex-empregada não se cansava de contar, enxugando uma ou outra lágrima, como estimara Raul, a quem servira com dedicação e desinteresse, apesar da doença contagiosa.

Gabriela, consciente das necessidades do recém-desencarnado e atendendo a sua vontade expressa, mantinha música suave no ambiente, o que propiciava certa paz e elevação de pensamentos.

Como não houvesse desespero e inconformação por parte dos presentes, Raul foi grandemente beneficiado. Vez por outra, todavia, era atingido vibratoriamente por comentários inconsequentes. Nesses momentos, agitava-se no colo da mãe, como se estivesse sofrendo terrível pesadelo. Procurava levantar-se, buscando a sala onde velavam o corpo, como se atendesse à insistente chamado.

Contudo, aplicávamos-lhe passes balsamizantes e ele retornava ao sono tranquilo e reparador.

Um pouco antes da saída do féretro, Galeno cortou o cordão prateado que ainda mantinha Raul - Espírito ligado ao veículo corpóreo.

Imediatamente percebemos que Raul, que até aquele momento se mantinha sonolento e enfraquecido, começou a se fortalecer, enquanto que os despojos carnais apresentavam mais rápida decomposição.

Levado até a sala, ele se debruçou sobre o caixão, dificilmente reconhecendo naquele corpo carcomido pela enfermidade o instrumento de que se utilizara vinte e seis anos no plano físico. Sumamente comovido, seus olhos turvaram-se de lágrimas, enquanto elevava o pensamento em prece a Deus, agradecendo o veículo carnal que tão bem o servira.

Acompanhamos o féretro a caminho do cemitério, mantendo o recém-liberto amparado em nossos braços. A cerimônia foi curta e singela.

Após o caixão baixar à sepultura, nosso irmão demonstrou extremo cansaço, o que era natural. Para fortalecê-lo, nosso instrutor aconselhou fossem utilizadas as energias revigorantes das plantas.

Assim, nos encaminhamos a um belo local existente nas imediações, desabitado e livre de qualquer poluição. Em meio à natureza, acomodamos Raul na relva macia, onde adormeceu de imediato. Sentados ali perto, respiramos, aliviados, o ar leve e o aroma balsâmico das plantas.

Tudo era paz e quietude, quebradas apenas pelo canto dos pássaros e pelo mugido de um ou outro animal que pastava nas redondezas.

Por algumas horas ali permanecemos para revigorar as energias e repousar – pois também nos sentíamos cansados da longa vigília –, aproveitando para manter conversação instrutiva e agradável.

Raul despertou muito mais disposto e fortalecido espiritualmente. Era hora de partir.

Galeno nos reuniu e, sob a copa das árvores, convidou-nos:

– Nossa missão foi um sucesso. Agora, só nos resta voltar para nossa sede. Antes, porém, é imprescindível agradecer ao Criador as bênçãos recebidas. Oremos, pois.

Assim dizendo, Galeno concentrou-se por alguns momentos e, elevando a nobre fronte ao Alto, com simplicidade proferiu a prece que acompanhamos mentalmente:

– Senhor da Vida e da Luz! Em pleno altar da natureza, contemplando Tua Criação, nos sentimos como ínfimos vermes em Tua presença. Não há muito tempo, errávamos em meio aos torvelinhos do mundo, criando calúnia e inimizade, destruição e morte. Roubamos e matamos, torturamos e oprimimos seres mais fracos e desprotegidos.

"Hoje, despertos para a Realidade Maior e conscientes da tarefa que nos cabe no progresso do Orbe que tão generosamente nos acolheu e nutriu, somos responsáveis pela ajuda a

VIVER SEMPRE VALE A PENA

nossos irmãos em desvalimento, revoltados e infelizes, muitos dos quais por nós empurrados para o abismo da degradação moral.

"Assim, nos candidatamos, Senhor, ao trabalho na Tua vinha. Na tarefa de reparação dos nossos erros, nos dedicamos aos mais necessitados dentre todos os necessitados, que são aqueles que buscam desertar da vida material pela porta enganosa do suicídio. No encerramento de nossas atividades, é com o coração pleno de reconhecimento e de amor que nos dirigimos a Tua Excelsa Presença.

"Apesar da nossa pequenez, não hesitaste em nos conceder o trabalho como divina oportunidade de elevação e de reajuste. Os louros pertencem a Ti, Senhor, e os depositamos, devotados e agradecidos, a Teus pés.

"Contudo, ainda rogamos nos permitas continuar laborando em Teu nome, enquanto houver na Terra criaturas necessitadas de auxílio. Para tanto, suplicamos-Te:

"que nossos braços não se conservem inertes e vazios diante do sofrimento de nossos irmãos;

"que nossas bocas não se mantenham caladas, quando puderem ser úteis;

"que nossos olhos saibam descobrir as dores ocultas, e que possamos amenizar o sofrimento e restaurar a fé, como instrumentos da Tua Vontade;

"que nossos pés sejam sempre direcionados para a assistência aos desafortunados; e

"que nossa vontade seja a alavanca de progresso e de mudança interior para nós e para quantos estejam ao nosso redor.

"Dessa forma, Senhor, entregamo-nos incondicionalmente em Tuas mãos compassivas, das quais temos auferido bênçãos sem fim, suplicando nos utilizes conforme Tua vontade.

"Sê conosco, Senhor, hoje e sempre!"

Quando Galeno terminou a oração, sentíamos imenso bem-estar. Suave brisa soprava, enquanto que do Alto vertia uma chuva de minúsculos pontos de luz, à semelhança de poeira cósmica e luminescente.

A emoção tomou conta de nossos corações. Olhei para cima e reparei que muitas aves haviam pousado nos galhos mais próximos, ali permanecendo, quietas e reverentes, como se também estivessem à escuta.

Um grande sentimento de fraternidade fez com que nos abraçássemos uns aos outros, permutando vibrações e sentimentos.

Raul, extremamente confortado, gozando de paz que há muito não sentia, estava eufórico.

César Augusto aproximou-se dele e, com expressivo gesto, disse:

– Seja bem-vindo ao grupo!

Era um novo companheiro que vinha para engrossar e enriquecer nossas relações. A princípio, teria que ser internado em hospital de nossa Colônia, para recuperar-se da enfermidade que o levara ao túmulo. Em pouco tempo, estaria em condições de participar ativamente das nossas atividades.

Havíamos encerrado uma etapa, mas outras viriam. Fizéramos muitos amigos, aumentáramos nosso círculo de relacionamento. As ligações com Ricardo, Virgínia, Mônica, Urias, Patrícia, Alberto, além de Marcelo e César Augusto, tornaram-se mais fortes e resistentes. Aprendêramos a nos conhecer melhor.

Por outro lado, eles também conheceram nossos "amigos mais antigos", o que foi muito bom para todos: Ana Cláudia, Giovanna, Paulo, Júnior, Maria Cecília, Padilha, Betão, Dínio, Mauro Takeda, Giseli, Gladstone, entre outros.

Mas a nossa gratidão maior era para com Galeno, o instrutor sempre presente, solícito e amável, a quem recorríamos em todos os momentos. Sua nobre figura permaneceria sempre em nossas vidas como amigo dedicado, orientador seguro e companheiro inseparável.

Olhando o céu que se estendia a perder de vista, suspirei, já sentindo saudade dessa fase que se encerrava em nossas vidas. Galeno fitou-me e sorriu, agradecido. Ele "ouvira" meus pensamentos!

VIVER SEMPRE VALE A PENA

Amparando Raul em nossos braços, Galeno de um lado e eu do outro, alçamo-nos todos ao espaço, volitando a caminho de nossa querida cidade, quando as tintas do crepúsculo tingiam o céu de colorido vibrante e as primeiras estrelas surgiam no firmamento.